ALESSANDRO ALLARIA

LA DUPLICAZIONE DEL NETWORK

Un Sistema in 6 Passaggi per Moltiplicare la Tua Rete Vendita e i Tuoi Guadagni nel Network Marketing

Titolo

"LA DUPLICAZIONE DEL NETWORK"

Autore

Alessandro Allaria

Editore

Bruno Editore

Sito internet

http://www.brunoeditore.it

Sommario

A tutti i fuoriclasse che hanno illuminato la mia vita

Introduzione

Congratulazioni per la tua decisione di aderire al settore del Network marketing. Sarai sicuramente una persona che ama la libertà e la flessibilità che derivano dall'essere in affari in questo settore.

Mi auguro che questo corso servirà come una cartina stradale che ti condurrà da dove ti trovi attualmente sino alla realizzazione dei tuoi obiettivi più ambiziosi. In questo corso di formazione ti guiderò attraverso il processo di costruzione del tuo successo in modo semplice e facile da seguire, passo dopo passo imparando i concetti di base e le tecniche per la costruzione della tua azienda nel network marketing secondo le importanti lezioni di vita che ho imparato lungo il mio cammino.

Onde iniziare questo percorso nel migliore dei modi possibili per la tua crescita professionale, voglio incoraggiarti ad essere formabile e flessibile per aprire la tua mente a un nuovo modo di fare business.

Una delle lezioni più preziose che ho imparato nella mia vita è che se si vuole avere successo, la cosa più intelligente da fare è quella di imparare da coloro i quali già hanno raggiunto importati obiettivi, per poi applicare quello che hai appreso. Il desiderio di imparare dai migliori è stato la strategia che personalmente mi ha permesso di raggiungere un livello elevato di professionalità in breve tempo e senza un eccessivo dispendio di energia.

Ti posso assicurare, che più sei disposto a farti formare, più sei impegnato per raggiungere l'eccellenza, più è probabile che il successo diventerà per te una splendida realtà. Se hai intenzione di costruire un grande rete vendita col network marketing, allora è necessario accettare il concetto che la duplicazione giocherà un ruolo fondamentale per il tuo successo.

La ragione per cui ho denominato *il ciclo della duplicazione* questo sistema è perché la gente cammina attraverso tale processo usando un cerchio come un'illustrazione visiva di come duplicare il sistema. Nell'ambito del ciclo sono visibili sei passaggi. In questo cammino, si passerà attraverso ogni fase del ciclo singolarmente. Non dovrai fare altro che applicare ciò che hai imparato un passo alla volta per iniziare a sviluppare il tuo business. Poi insegnerai il metodo a ogni tuo nuovo partner commerciale che a sua volta lo trasmetterà alla propria rete vendita, in modo che il processo di duplicazione abbia seguito.

Si tratta di un sistema semplice *step by step*, ripetuto da tutti coloro che si uniranno alla tua squadra. Indipendentemente dal prodotto e/o servizio che rappresenta il business della tua azienda, questo sistema funzionerà perché si basa sui fondamenti di come costruire una rete di successo nel network marketing. Sarai tu a impostare il ritmo essendo il leader del tuo team. Quello che farai sarà l'esempio per le altre persone della tua squadra che vogliono seguire e duplicare la tua leadership. Se applichi gli insegnamenti impartiti nell'ambito del presente programma di formazione con disciplina e coerenza, è possibile realizzare tutto ciò che è importante per te.

Ti auguro un grande successo!
Alessandro Allaria
Network marketing coach

CAPITOLO 1:
Come iniziare brillantemente il tuo business

Uno dei fattori più importanti nella costruzione di un business di successo nel network marketing, è quello di seguire un sistema collaudato che creerà un reddito a effetto automatico per te e per tutti coloro i quali decideranno di unirsi alla tua squadra. Si deve trattare di un metodo che i tuoi partner commerciali possono imparare facilmente mentre seguono le tue orme di leader.

Descrizione del ciclo della duplicazione

Nell'ambito del ciclo sono visibili sei fasi che renderanno il sistema facile da seguire:

- **La prima fase** del ciclo è denominata *Avvia il tuo business*. In questa fase si imparano i dieci importanti passaggi che devi completare per iniziare la tua attività correttamente.
- **La seconda fase** viene definita *Invita gli altri*. Qui ti verrà insegnato cosa dire a quelle persone che si desidera invitare a conoscere la tua attività.

- **La terza fase** si intitola *Introdurre il tuo business*. Scoprirai come presentare efficacemente la tua attività.
- **La quarta fase** è *Determinare l'interesse*. Troverai il metodo per individuare l'interesse delle persone che hanno chiesto di saperne di più sulla tua attività commerciale e sui tuoi prodotti.
- **La quinta fase** è intitolata *Ottenere una decisione positiva*. Otterrai informazioni preziose su come provocare decisioni positive.
- **La sesta fase** dal titolo *Come avviare al business i tuoi nuovi partner commerciali* ti insegnerà come fare in modo che coloro i quali entrano a fare parte della tua rete vendita possano iniziare senza troppi ostacoli la vostra attività beneficiando di un sistema collaudato.

Il ciclo della duplicazione è il nucleo del sistema che è stato utilizzato con successo da centinaia di migliaia di persone in tutto il mondo.

SEGRETO n. 1: per prima cosa devi passare attraverso questo ciclo e imparare un passo alla volta. Successivamente dovrai applicare quello che hai imparato e dopo aver

completato tutte e sei le fasi, potrai iniziare il processo di duplicazione verso la tua rete commerciale.

Ti insegnerò il sistema per ogni nuovo business partner progressivamente. Infine, sarà tuo compito quello di insegnare ai nuovi partner commerciali come trasmettere a loro volta il sistema ai propri distributori, in modo che il processo di duplicazione continui teoricamente all'infinito. Se sei determinato a costruire una grande rete vendita, uno dei concetti più importanti che devi sottoscrivere pienamente è che la duplicazione svolgerà un importante ruolo nel tuo successo finale. Soprattutto per un business che duri sul lungo periodo.

Dieci compiti per partire alla grande col tuo business:

Determinare il "perché"

La prima cosa che devi fare è cercare nel tuo cuore per identificare chiaramente il tuo principale motivo per intraprendere un'attività nel network marketing. Nel suo famoso libro, *Pensa e arricchisci te stesso*, Napoleon Hill ha detto: «Il desiderio è il punto di partenza di tutto il successo». Ci deve essere qualcosa che ti spinge a costruire la tua attività altrimenti rischi di perdere progressivamente l'interesse per poi abbandonarla del tutto. Tutto inizia con il desiderio, altrimenti viene a mancarti quello che è necessario per avere successo. Una volta che hai individuato le tue motivazioni principali imponiti delle scadenze entro cui raggiungere ogni obiettivo che ti sei prefissato su breve, medio e lungo termine.

Prenditi qualche minuto adesso e annota alcuni dei motivi che rapidamente ti vengono in mente. Quando l'elenco è completato, fanne diverse copie e mettile in bella vista nei luoghi dove ti verrà facile rivederli frequentemente. Puoi prendere in considerazione lo specchio del bagno, la tua scrivania, il cruscotto della tua auto e il frigorifero. Ricordati di portare sempre l'elenco con te in tasca in modo da visualizzarlo ogni qual volta hai un attimo di tempo libero per restare sempre focalizzato sui tuoi obiettivi.

Prendi un impegno

Quando inizi a costruire il tuo business, è necessario determinare il livello di impegno che hai intenzione di dedicargli perché, come per la maggior parte delle cose nella vita, sarà il criterio tangibile per determinare il livello di successo che riuscirai a ottenere. Più seriamente prenderai la gestione del tuo business, più probabilmente riuscirai ad avere successo in modo esponenziale. Prendere un impegno per la tua azienda non solo è necessario per te onde rimanere concentrato, ma è anche essenziale perché i tuoi potenziali clienti e i tuoi partner commerciali saranno in grado di apprezzare la tua professionalità.

Se i tuoi potenziali clienti ti vedono prendere seriamente il tuo business saranno ancora più motivati ad acquistare i tuoi prodotti perché avvertiranno che si tratti di un'azienda seria e di cui ci si può fidare. Se i tuoi partner commerciali percepiscono il tuo impegno, questo rafforzerà le loro convinzioni sulla validità del vostro business e aumenterà il rispetto e la considerazione nei tuoi confronti. Quanto è importante questo business per te? Scrivi un comunicato che dichiara il tuo impegno e rileggilo costantemente fino a quando non diventerà il tuo "credo".

Stabilisci il tempo da dedicare al tuo business

Non solo è un impegno da un punto di vista mentale che si rende fondamentale per raggiungere i tuoi obiettivi, ma rappresenta anche il criterio per pianificare le scadenze temporali.

È necessario mettere da parte ogni giorno il tempo necessario da dedicare a costruire il tuo business, tenendo conto anche dei così detti tempi morti cioè il tempo che ti serve per gli spostamenti e altri momenti in cui comunque non puoi fare azioni utili.

Fai una lista delle persone che conosci

Se dovessi iniziare qualsiasi attività commerciale che risponda alle esigenze delle persone della tua comunità, a quale categoria sarebbe più intelligente e meno costoso proporre la tua offerta commerciale in prima battuta? La risposta più logica è: alle persone che conosci da tempo con cui hai stabilito un solido rapporto fondato sulla fiducia e sulla stima reciproca. Persone che sai che saranno dieci volte più propense a fare affari con te piuttosto che con degli sconosciuti. Quando si inizia a costruire un business, il successo iniziale sarà determinato probabilmente da questo fattore. Non necessariamente devono essere i tuoi amici intimi ma semplicemente persone con cui hai un minimo livello di conoscenza.

SEGRETO n. 2: quando inizi a scrivere i nomi, non pregiudicare quelli che secondo un tuo personale giudizio

potrebbero non avere un interesse alla tua attività. Fai finta di venir pagato con cento euro per ogni nome che metti nella tua lista.

È di fondamentale importanza riuscire a fare la tua lista per iscritto perché questo ti aiuterà a farti venire in mente sempre nuovi nomi e potrai aggiornarla quando lo vorrai. Assicurati di inserire anche tutte le persone che conosci che vivono lontano da te in quanto il network marketing ti dà l'opportunità di espandere la tua attività non solo a livello locale, ma ovunque tu voglia soprattutto grazie a internet e ai relativi supporti di marketing e vendita.

Metti insieme il tuo piano

Non è proprio realistico pensare di avere successo senza predisporre un piano per ciò che si vuol fare. Sarebbe come voler intraprendere un viaggio senza una cartina stradale con la previsione di tutte le tappe e delle risorse che si rendono indispensabili. Ci sono tre semplici decisioni che devi prendere nel mettere insieme il tuo piano:

1. La prima è se concentrare il tuo tempo nel far crescere il tuo database di clienti oppure nella costruzione di una rete di partner commerciali.

Opzione 1: È possibile scegliere di costruire il business avendo come priorità la vendita dei prodotti e servizi della tua azienda. Con questo metodo si potrebbe costruire un database di clienti in crescita che possono fornirti un reddito mensile costante. Successivamente, quando i tuoi clienti hanno avuto la possibilità di verificare la bontà della tua offerta commerciale allora potresti proporre loro di entrare a fare parte della tua rete vendita.

2. Appena i tuoi clienti diventeranno partner commerciali dovrebbe iniziare il processo della creazione di un reddito passivo. Il lato positivo di condurre il tuo business partendo dalla vendita è che risulta più facile per la maggior parte delle persone, trattandosi di una normale attività commerciale. Il rovescio della medaglia è che si allungano i tempi necessari per espandere la tua organizzazione aziendale, perché dovrai attendere che i tuoi clienti maturino un minimo di esperienza prima di poter presentare il vostro business degnamente.

Opzione 2: La scelta alternativa è quella di iniziare già da subito nella ricerca di nuovi partner commerciali magari in modo contestuale alla promozione dei prodotti per assicurarti il minimo di livello manageriale per avere le provvigioni indirette. Ciò significa che concentrerai il tuo tempo introducendo la tua azienda ai tuoi potenziali business partner. I vantaggi di tale strategia consistono nel fatto che è possibile ridurre il tempo necessario per iniziare l'espansione della tua rete vendita che una volta adeguatamente formata, può portare a una rapida crescita del tuo business in quanto moltiplicherai le tue ore di lavoro.

Il lato negativo è che per attuare tale tattica hai bisogno di essere formato ad alto livello e magari di ricevere un supporto costante da parte dei tuoi sponsor soprattutto se ti trovi all'inizio della tua carriera manageriale. Prova ad analizzare quale potrebbe essere la strategia migliore per te a seconda che tu venga dal campo della vendita oppure della formazione. Ma renditi di libero di scegliere quella che più ti entusiasma provando a identificare le ragioni per cui quell'opzione è la migliore per te in questo momento. La seconda decisione è di determinare in che modo presentare l'opportunità di business della tua azienda. A tal proposito hai due alternative da valutare. Potrai decidere di usare uno degli strumenti promozionali che la tua società ti mette a disposizione per fare marketing oppure inviterai le persone alle presentazioni personali dal vivo in cui tu e i tuoi sponsor farete conoscere la vostra offerta commerciale e professionale.

Il fattore più importante nel prendere questa decisione è quello di imparare ciò che il tuo sponsor sta facendo per presentare l'attività agli altri in modo da emulare il suo successo frutto della sua maggiore esperienza. Qualunque cosa stanno facendo i tuoi sponsor per avere successo, sarà probabilmente il miglior corso di formazione per te.

3. La terza decisione che devi prendere è quella di pianificare l'entità delle risorse che hai intenzione di impegnare nel tuo business. A quante persone al giorno ti vuoi impegnare a far conoscere la tua azienda? In base alla quantità di tempo che ti senti in grado di dedicare a costruire il tuo business, qual è il numero di contatti che ti impegni a trovare quotidianamente? Se hai programmato di gestire la tua attività part-time, come la maggior parte delle persone quando sono agli inizi, contattare due persone al giorno è probabilmente un numero realistico. Per fare in modo che diventi un'abitudine metti per iscritto in un posto dove spesso ti cade lo sguardo, il tuo impegno quotidiano.

Ordina i tuoi strumenti di marketing

Indipendentemente dal metodo che intendi utilizzare per costruire il tuo business, è necessario l'acquisto di alcuni strumenti di marketing per promuovere la vendita dei tuoi prodotti da distribuire presso i tuoi potenziali clienti e partner commerciali.

SEGRETO n. 3: familiarizza con gli strumenti di marketing promossi dalla tua azienda e chiedi consiglio al tuo sponsor in base ai tuoi obiettivi di carriera e di guadagno.

Prenditi un po' di tempo per annotare gli strumenti che pensi di utilizzare.

Prenota i prodotti della tua azienda

Se la tua azienda è come la maggior parte di quelle presenti nel settore, incoraggia i rivenditori a prenotare una certa quantità di prodotti e servizi ogni mese. Questo tipo di sistema ha la sua ragione d'essere nell'ottica di farti diventare un leader credibile nel tuo settore e in breve tempo. Se fai parte di una società nel settore del benessere personale, allora sono sicuro che avrai la necessità di verificare la tua offerta commerciale onde essere fortemente convincente nel tuo processo di passaparola.

Se, per qualsiasi motivo, è necessario annullare oppure modificare l'ordine, lo puoi fare semplicemente chiamando la tua azienda e il team di assistenza clienti. Il programma mensile di spedizione automatica permette di selezionare specifici prodotti che si desiderano utilizzare e/o vendere ogni mese. Poi l'azienda te li invia direttamente con le medesime scadenze, senza alcuna azione di richiesta da parte tua.

Utilizzando i prodotti in modo costante, sarai in grado di goderne i benefici, avrai con loro una maggiore familiarità e sarai l'esempio giusto per i tuoi partner commerciali e per i tuoi clienti. Ora la domanda sorge spontanea: Quali prodotti e servizi desideri ricevere ogni mese?

Restare aggiornato

Quando inizi a costruire la tua attività, hai la necessità di tenerti aggiornato sull'andamento della tua azienda e su quanto accade nel tuo team. Ci sono webinar, conferenze, newsletter, siti web ed eventi che è necessario conoscere? Chiedi al tuo sponsor oppure a uno dei tuoi partner commerciali upline i loro consigli su cosa dovrai fare in merito.

Diventa un esperto dei tuoi prodotti

Quando si inizia a costruire la tua attività, è necessario avere una conoscenza di base dei principali prodotti e servizi come evidenziati sul sito web della tua azienda e nei loro materiali promozionali. La miglior risorsa da utilizzare, al fine di far conoscere la tua azienda e i suoi prodotti è il relativo sito web. Per sapere come si utilizzano i prodotti e i servizi della tua azienda, partecipa agli eventi formativi e rivedi i materiali di marketing, per continuare a incrementare la conoscenza e la fiducia in quello che offri.

SEGRETO n. 4: non c'è bisogno che tu sia un esperto dei prodotti della tua azienda; l'importante è conoscere i loro

benefici. Eviterai di sprecare moltissimo tempo per imparare ogni dettaglio.

Questo è tutto quello che devi sapere per iniziare.

Prenota il tuo ordine di prodotti

Quest'ultimo passo è solo per quelle persone che vogliono rappresentare l'azienda tramite un prodotto. Il tuo ordine di prodotti è costituito principalmente da quelli che intendi utilizzare e vendere nei tuoi primi 30-60 giorni. Tuttavia, prima di prendere una decisione su quale prodotto acquistare e su come si dovrebbe lanciare il tuo business, è importante capire perché si dovrebbero acquistare.

Le tre ragioni per cui si dovrebbero comprare i prodotti:

1. Conserva una quantità di prodotti a portata di mano per i nuovi e attuali clienti in modo che ogni volta che vogliono provarli, puoi accontentarli immediatamente. Un ritardo in tal senso potrebbe costarti qualche conclusione nella vendita.
2. Per qualificarsi e iniziare a guadagnare commissioni è necessario fare degli acquisti iniziali per raggiungere quel

livello in cui puoi guadagnare le così dette provvigioni indirette sulla tua squadra (il vero mito del network marketing) e anche i punti necessari a un avanzamento di carriera. Parla con il tuo sponsor di come è possibile massimizzare il piano di compensazione aziendale quando si inizia, per poterne beneficiare tu e la tua rete vendita.

3. Per vivere i prodotti della tua azienda devi acquisire familiarità con i prodotti offerti dalla tua società per poi decidere quali far provare. Quando effettui il tuo primo ordine ricordati che questo è un business basato sul concetto di duplicazione e quindi così come partirai tu, lo stesso faranno le persone del tuo team; se inizi con coraggio e con l'intenzione di fare le cose in grande, così faranno le persone che porterai nel tuo business a tutto vantaggio della tua carriera e delle tue entrate economiche.

Completa questa frase: «Voglio che il mio ordine di prodotti sia il seguente: ….».

Ora che hai imparato i dieci compiti per iniziare a costruire il tuo business, sarebbe saggio scegliere il momento più adatto per discuterne col tuo sponsor. Questo ti permetterà di ottenere risposte alle tue domande facendo chiarezza su come lavorerete insieme per costruire il vostro business. Dopo aver completato con successo questi dieci punti, sarai pronto per partire alla grande.

«Il migliore amico è colui che tira fuori il meglio di me».
Henry Ford

RIEPILOGO DEL CAPITOLO 1:

- SEGRETO n. 1: Per prima cosa devi passare attraverso questo ciclo e imparare un passo alla volta. Successivamente, dovrai applicare quello che hai imparato e dopo aver completato tutte e sei le fasi, potrai iniziare il processo di duplicazione verso la tua rete commerciale.
- SEGRETO n. 2: Quando inizi a scrivere i nomi, non pregiudicare quelli che secondo un tuo personale giudizio potrebbero non avere un interesse alla tua attività. Fai finta di venir pagato con cento euro per ogni nome che metti nella tua lista.
- SEGRETO n. 3: Familiarizza con gli strumenti di marketing promossi dalla tua azienda e chiedi consiglio al tuo sponsor in base ai tuoi obiettivi di carriera e di guadagno.
- SEGRETO n. 4: Non c'è bisogno che tu sia un esperto dei prodotti della tua azienda; l'importante è conoscere i loro benefici. Eviterai di sprecare moltissimo tempo per imparare ogni dettaglio.

CAPITOLO 2:
Come presentare efficacemente la tua opportunità

Il prossimo passo è quello di iniziare a invitare le persone per insegnargli come costruire il vostro business. Si tratta di un passaggio fondamentale perché rappresenta la chiave per creare il sistema che nel network marketing ti consente di avere il reddito passivo. Qui gioca un ruolo decisivo l'aspetto psicologico e motivazionale del singolo individuo che dovrai essere in grado di cogliere quanto prima imparando a fare le domande giuste e ad ascoltare senza voler esprimere a tutti i costi la tua opinione

È un gioco di numeri

All'inizio di questo step, ci sono due fattori importanti che hanno la potenzialità di influire notevolmente non solo sui risultati che otterrai ma anche sul determinare il giusto atteggiamento mentale da adottare nello svolgimento di un'attività di network marketing a prescindere dal settore merceologico.

SEGRETO n. 5: è importante capire che andare alla ricerca di persone che vogliono entrare nel tuo business e/o acquistare i tuoi prodotti/servizi, è un gioco di numeri.

Pertanto a quante più persone presenti la tua azienda, più saranno coloro che si uniranno al tuo team e più contratti di vendita ne ricaverai. Si possono fare moltissime cose per aumentare i tuoi risultati ma ricordati sempre che si tratta di un gioco di numeri. Prima di iniziare a fare le telefonate di presentazione, è di fondamentale importanza che tu sia pienamente consapevole del fatto che non tutti potranno accettare il tuo invito.

Ti troverai ad essere rifiutato spesso, ma non puoi permetterti che questo ti faccia perdere entusiasmo e coraggio per continuare il tuo progetto di business nel network marketing. Quando qualcuno dice di *no* alle tue richieste, è di vitale importanza che tu riesca a mantenere un atteggiamento positivo e passare alla persona successiva come se nulla fosse successo.

La gente ha bisogno di potersi fidare di te e di ricevere sensazioni positive dall'incontrarti e di fare affari con te. Questa è una lezione di vita e non solo una lezione su come costruire un business di successo. Il tuo obiettivo principale con tutti i tuoi business partner e clienti potenziali deve essere quello di riuscire a piacergli e conquistare la loro fiducia. Comincia a maturare l'intenzione di costruire un marchio personale così che quando la gente penserà a te, penserà a qualcuno che apprezza e verso cui nutre rispetto. Non solo il tuo business prospererà, ma anche la tua vita diventerà più piacevole e appagante, se ti concentri sulle piccole cose che puoi fare per diventare più apprezzato e affidabile.

Trovare potenziali business partner

Dai inizio al processo di selezione dei tuoi potenziali partner commerciali dando un'occhiata ai tipi di persone cui è possibile presentare il tuo business. Possiamo raggrupparle in cinque categorie:

1. *I tuoi amici, conoscenti e parenti*: che possiamo denominare come il tuo *mercato caldo*. Queste sono le persone con cui hai un certo grado di conoscenza e di affidabilità. Nel promuovere il tuo business. Una grande percentuale di successo deriverà proprio da tale categoria di persone. Le persone del tuo

mercato caldo ti conoscono e ti stimano essendovi anche molte più probabilità di risultare aperti a ciò che hai da offrire loro rispetto alle persone con cui non hai alcun rapporto.

2. *Le persone che ti sono state segnalate dai tuoi conoscenti* sono degli ottimi contatti. Imponiti come obiettivo quello di arrivare ad almeno tre contatti nuovi da ogni cliente soddisfatto del tuo prodotto e di chiedere almeno un nominativo ad ogni persona che rifiuta di aderire al tuo business.
3. *Le persone nuove che si incontrano ogni giorno*. Ogni giorno incontriamo gente nuova sia per telefono che di persona. Questo gruppo di persone possono essere una grande fonte di contatti se sono interessati alle tue argomentazioni. Quando si incontrano persone, prendi l'abitudine di fare domande e ascoltare per scoprire se hanno un bisogno che la tua attività potrebbe in qualunque modo soddisfare.

Ecco alcuni esempi di domande che si possono proporre:

- Cosa fai per vivere?
- Come hai trovato il tuo attuale lavoro?
- Come l'andamento dell'economia influisce sulla tua azienda?
- Come sta andando per te?

- Ti piace quello che fai?

Prova a pensare ad altre domande che potrebbero consentirti di aprire il discorso in modo da presentare il tuo business. Con alcune persone, è possibile costruire un primo rapporto per poi chiedere un biglietto da visita. Successivamente, nelle prossime 48 ore, puoi contattarlo per fargli sapere che è stato un piacere conoscervi, facendogli dei complimenti per qualcosa in particolare che hai saputo su di lui per poi lo invitarlo a valutare il tuo business.

4. *Persone cui condividi qualcosa.* Questo mercato comprende le persone con cui hai qualcosa in comune, come quelle della tua classe di laurea, i tuoi attuali e precedenti colleghi di lavoro, le persone che frequentano la tua chiesa, soci del tuo club oppure della tua associazione ecc. Pensa ad altri gruppi di persone con cui hai qualcosa in comune. Quando si ha qualcosa in comune sembra formarsi un legame immediato che influenza le persone a prendere le medesime decisioni considerato che ci si reputa simili.

5. *Il mercato a freddo*. Queste sono persone che non hai mai incontrato. Per costoro puoi usare metodi quali annunci sulle riviste, giornali, direct mailing, marketing telefonico, on-line marketing e altre tecniche del genere. Qualora riuscissi a trovare nuovi partner commerciali nel mercato freddo, allora il tuo primo obiettivo sarebbe quello di riuscire ad arrivare al loro *mercato caldo* dopo aver conquistato la loro fiducia sia in te come sponsor che nell'azienda.

La strategia per invitare al telefono

Di tutte le informazioni contenute in questo programma di formazione, questo passaggio è il più importante per te se vuoi padroneggiare al meglio tale sistema. Il motivo è semplice: se non si riesce a portare le persone a valutare la tua opportunità di business sarà molto difficile che riuscirai a creare la tua rete vendita, momento fondamentale del sistema del network marketing.

Gran parte del tuo successo sarà determinato dal risultato che otterrai nell'invitare le persone correttamente. Questo programma di formazione ti insegnerà come invitare le persone facenti parte del tuo *mercato caldo* per far conoscere il tuo business, ma i concetti, gli script e le idee possono essere facilmente modificati per essere applicati a qualsiasi gruppo che si desidera raggiungere.

SEGRETO n. 6: l'obiettivo finale della chiamata per invitare è quello di ottenere un accordo dalle persone per partecipare a un colloquio personale con un manager della tua azienda oppure a un meeting di presentazione insieme ad altre persone.

«La prima legge del successo è di riuscire a concentrare tutte le tue energie in un'unica direzione senza perdere di vista l'obiettivo finale».
William Matthews

Ci sono tre obiettivi principali da raggiungere quando contatti i tuoi potenziali partner commerciali e cioè:

- suscitare interesse e curiosità tra le persone che si contattano di modo che queste siano invogliate a imparare tutto in merito alla tua attività;

- creare un senso di urgenza in modo da indurre a conoscere il business appena possibile per ottenere un impegno preciso a presenziare a un colloquio personale oppure a un corso di presentazione aziendale;
- fare ricorso a degli strumenti di presentazione multimediali per poi programmare un momento per una telefonata di follow-up.

Ognuno di questi punti sarà trattato in dettaglio in seguito. Qui ci sono gli otto passi da seguire su come si possa invitare qualcuno a valutare il tuo business utilizzando il telefono. Tuttavia, le idee e gli approcci possono essere facilmente modificati e utilizzati anche per invitare qualcuno incontrato di persona.

1. Preparare la telefonata

Quando ti senti pronto a fare le telefonate per fissare gli appuntamenti, trova un posto tranquillo dove puoi parlare senza essere disturbato e ricevere distrazioni. Allora prenditi alcuni minuti e rifletti sulle motivazioni principali per le quali vuoi costruire il tuo business per mettere entusiasmo ed energia quando contatti le persone. Successivamente, dovresti fissarti un obiettivo su quante persone vuoi contattare e riuscire a convincere ad accettare la tua proposta. A tal fine fatti aiutare da quelle che sono le medie nazionali della tua azienda anche se hanno un valore meramente probabilistico ma comunque qualche indicazione di massima possono fornirtela. I vantaggi sono duplici: non solo avrai un controllo della situazione dopo ogni telefonata che effettui, ma diventerai anche più efficace grazie a una maggiore focalizzazione sui tuoi obiettivi.

Prendi l'impegno di fare un numero tale di telefonate in base al tempo che hai a disposizione. Una volta che hai individuato un posto tranquillo e hai assunto il giusto stato d'animo, allora vuol dire che sei pronto per iniziare a fare le telefonate per fissare gli appuntamenti.

Inizia selezionando qualcuno sul tuo elenco di contatti e prenditi un minuto per concentrarti su questa persona. Chiedi a te stesso: «Perché costui potrebbe avere un interesse a collaborare con la mia azienda?» Pensa ai vari motivi per cui la tua proposta potrebbe essere interessante per lui e rifletti sulle ragioni per cui vorresti essere in affari con lui. Conoscere queste informazioni ti aiuterà ad essere professionale quanto contatti qualcuno.

2. Effettuare la telefonata

Ricordati quando effettui le telefonate di farlo sempre con aspettative positive immaginando che tutto vada secondo i tuoi piani e in generale sarà proprio così che finirà secondo la legge d'attrazione. Per ottenere i migliori risultati, mantieni alto il livello di energia, parlando con fiducia ed entusiasmo. Se quello che stai facendo ti appassiona, allora assicurati di trasmetterlo con ogni tua parola e ogni tuo gesto.

Se la tua voce risuona debole, timida oppure parli con monotonia, non puoi che aspettarti scarsi risultati. Controllare come risuona la tua voce quando effettui le telefonate per fissare i colloqui è importante tanto quanto quello che dici. Quando ti senti pronto, rilassati e inizia a fare le tue telefonate.

3. Dopo un saluto amichevole chiedere la disponibilità

Quando si avvia una conversazione, bisogna dimostrarsi sempre affabile e cordiale. Dopo un cordiale saluto, devi verificare se la persona che hai contattato è occupata in altre conversazioni oppure sta facendo qualcosa che gli impedisce di prestare la dovuta attenzione a quello che hai da dirgli.

Si potrebbe chiedere: «Sei occupato o hai due minuti per parlare con me?» Se la persona è occupata, chiedere: «Quando sarebbe un buon momento per richiamarti?» e pianificare un data per contattarlo di nuovo.

Uno dei modi migliori per essere convincenti e influenzare le persone è quello di mostrare un serio e sincero interesse nei loro confronti. Si potrebbe chiedere loro cosa stanno facendo di bello oppure in base al rapporto personale fare domande circa la famiglia, gli hobby che si condividono oppure qualsiasi altra cosa riterrai appropriata in base al vostro rapporto. Ricordati che la gente non si cura di cosa tu hai fatto e stai facendo ma di quello che puoi fare per aiutarli a realizzare i propri interessi.

4. Complimentati con i tuoi potenziali clienti

Lodare le persone è sempre una cosa positiva da fare. Individui di tutte le età vogliono ricevere complimenti ed essere apprezzati e riconosciuti per quello che sono, per quello che hanno fatto e stanno facendo di positivo.

SEGRETO n. 7: quando si invitano le persone a valutare il

tuo business, si dovrebbe trovare il modo per fare loro un complimento sincero che esalti qualche loro qualità attinente alla tua proposta.

Se esprimerai ammirazione e rispetto per le persone, mentre li inviti a valutare il tuo business, avrai risultati migliori. Si tratta di un piccolo particolare che può fare una grande differenza. Quando si fanno i complimenti alle persone, li facciamo sentire bene e di solito si traduce in una loro maggiore apertura e disponibilità. Inoltre ricordati sempre di chiamare le persone per nome in quanto, come insegna Dale Carnegie, conferisce un senso di importanza e di rispetto.

5. Dai fiducia nel fare il tuo invito

In base al rapporto con le persone che stai per chiamare, pensa all'approccio che reputi più efficace per indurli a prendersi un po' di tempo per esaminare il tuo business. L'obiettivo principale del tuo invito è quello di creare interesse, un clima naturale e rassicurante, non dicendo mai qualcosa che potrebbe essere percepito come fosse una preghiera o una supplica. Il tuo business è qualcosa di cui invece devi mostrarti orgoglioso. Se non hanno un interesse, allora è inutile andare avanti nel colloquio! Quando si invitano le persone a conoscere la tua attività, devi mantenere il controllo della comunicazione facendo domande e parlando il meno possibile in quanto vale la regola aurea della vendita per cui meno si dice è meglio è.

Se credi in quello che dici e hai gli obiettivi ben chiari in mente, allora sarà molto probabile che avrai un notevole successo. D'altra parte, se si parla troppo perché non solo si è poco preparati ma si dimostra anche uno scarso autocontrollo, è probabile che devi faticare molto per ottenere una bassa percentuale di persone che accettano il tuo invito. Ora diamo uno sguardo ad alcuni script per poter fare gli inviti ai tuoi colloqui di presentazione. Nel leggere ciascuna di queste opzioni, puoi immaginare quale sia la più adatta a te e quella che ti risulta più facile esporre ai tuoi potenziali contatti.

Opzioni di invito

L'invito a scoperta

Con tale strategia si cerca di identificare un bisogno, un dispiacere oppure una preoccupazione che la tua azienda potrebbe contribuire ad affrontare e risolvere. Se riesci a individuare un primo modo con cui è possibile aiutare le persone a realizzare qualcosa di importante per loro, costoro saranno molto più inclini a dedicare parte del loro tempo a conoscere la tua attività. Qui di seguito fornirò alcuni esempi di come mettere in pratica questa strategia:

1. Quando parli con un tuo amico potresti chiedergli: «Come va da un punto di vista economico il tuo attuale lavoro?» Se noti un certo grado di insoddisfazione allora potresti chiedergli quali sono le cause secondo lui. Poi, quando ti accorgi che è arrivato il momento giusto puoi semplicemente domandare se è disponibile a valutare delle opportunità con cui diversificare le proprie entrate economiche. Potresti dire qualcosa di simile: «Permettimi di farti una domanda, se ci fosse un business che potessi iniziare lavorando part-time da casa tua che in seguito potrebbe sostituire il tuo attuale lavoro, potrebbe interessarti?»
Mentre ti racconta le sue aree di interesse, ascolta e prova a individuare quello che potrebbe essere l'approccio più efficace. Oppure se stai parlando al telefono con un tuo amico, potresti chiedergli qualcosa di simile: «Scusa la curiosità ma hai mai

pensato di iniziare un'attività in proprio part-time?» In caso di risposta affermativa domandagli quale tipo di business ha preso in considerazione, il perché di tale scelta e infine come è andata a finire. Dopodiché puoi presentare i vantaggi della tua opportunità rispetto alle sue precedenti esperienze per poi invitarlo a un incontro personale oppure collettivo in cui può valutare la tua opportunità.

Quando ti trovi a casa di un tuo amico che è sposato, prova a fargli domande in modo molto indiretto e casuale per verificare se è soddisfatto della sua attuale condizione economica coinvolgendo anche sua moglie nel discorso se lo reputi opportuno. Se nel fare delle domande esplorative apprendi che le finanze sono in una condizione di ristrettezza allora puoi provare a chiedere: «Se ci fosse un modo per lavorare da casa e ottenere un guadagno extra, potrebbe interessati?»

Se parlando con un tuo amico vieni a sapere che sua moglie è incinta gli potresti chiedere se sia interessato a prendere in considerazione la possibilità di intraprendere un'attività redditizia part-time lavorando da casa, in modo da poter stare vicino alla consorte. Quando la gente risponde affermativamente a una di queste domande, puoi procedere a introdurre la fase successiva che consiste nell'invitarli a un colloquio con i manager della tua azienda oppure a un meeting di presentazione onde valutare pienamente la tua proposta di business.

Individua quale possa essere in una persona una situazione di bisogno, dolore, oppure di preoccupazione, proponendogli come soluzione la tua opportunità di business. Questa strategia è molto produttiva in particolar modo con le persone che si vedono nel corso di una giornata normale. Infatti, quando incontri persone nuove ogni giorno, prendi l'abitudine di fare domande circa il loro lavoro. Quando rispondono, ascolta sempre molto attentamente quello che dicono.

L'invito diretto

Con tale strategia si invitano le persone a un colloquio personale con i manager aziendali oppure a un meeting di presentazione senza fornire alcuna informazione dettagliata in merito al tuo business. Ecco alcuni esempi di invito diretto:

Puoi chiamare un tuo amico e dirgli qualcosa del tipo: «Se hai solo un minuto di tempo, volevo invitarti questa settimana a un incontro in cui si condividono delle informazioni molto importanti che ancora non sono state rese note».

Invito per valutare un business

A differenza dell'invito diretto, con tale strategia fai specifico riferimento a quello che sarà la tematica del vostro incontro precisando che si tratta di una proposta di business.

Ecco alcuni esempi: sei al telefono con un tuo amico parlando dei fatti vostri poi quando reputi che sia il momento adatto potresti dire qualcosa del genere: «Se hai un po' di tempo, volevo farti sapere che in settimana a casa mia, organizzerò una riunione con altre persone per condividere un nuovo sistema su come iniziare un'attività in proprio senza rischio in un settore unico e innovativo che sta riscuotendo una grande successo ed è in piena espansione».

Una delle caratteristiche che rendono unico questo business è che offre alle persone la possibilità di avviare un'attività in proprio part-time senza interferire con il loro attuale lavoro con bassi costi di start-up e senza alcun rischio imprenditoriale.

Se hai amicizie che operano nel settore delle vendite e del commercio potresti proporre la tua opportunità dicendo qualcosa di simile: «C'è una società in rapida crescita che si sta espandendo nella tua zona e sono alla ricerca di persone con le tue capacità professionali. Vi sono ottime possibilità di guadagno e di carriera e non va a incidere con la tua attuale attività, saresti interessato a saperne di più?» Quando le persone rispondono positivamente all'invito, programma un colloquio personale.

Se si utilizzano strumenti di presentazione del tuo business, dovresti sempre predisporre successivamente un momento per sentire le sue impressioni e commenti. Tale sistema è molto usato quando vuoi sponsorizzare persone a distanza.

Invito con storia personale

Quando si utilizza la propria storia personale come strategia di invito, la puoi usare come strumento per condividere con le persone la ragione che ti ha spinto a prendere la decisione di intraprendere un'attività di network marketing.

Ecco due esempi di questo tipo di invito:

1. Dopo aver parlato col tuo amico di come avete trascorso il week-end puoi procedere dicendo qualcosa del tipo: «Come sai ho avuto una carriera di successo nel settore immobiliare ma a causa dell'incertezza che circonda il settore, ho preso la decisione di diversificare il mio reddito. Dopo aver considerato le possibili opzioni, ho preso la decisione di collaborare con uno un'azienda altamente qualificata. È una società ben affermata che sta cercando le persone giuste per sviluppare la propria rete vendita in questa regione e ho pensato a te proprio perché ti rispetto e ti ammiro. Potrebbe essere di tuo interesse esaminare alcune informazioni per verificare se suscita il tuo interesse?»

2. Mentre stai al telefono con un tuo amico a ridere di alcune nuove foto che ha postato su Facebook, potresti chiedergli se ha qualche minuto per parlare con te al telefono. In caso di risposta affermativa potresti esordire dicendo qualcosa di simile: «Beh, con tutta l'incertezza per l'economia e la mia carriera, ho preso la decisione di diversificare il mio reddito. Nel guardare tra le

opportunità che mi sono state presentate, mi sono imbattuto in una società davvero unica che ha un grande potenziale di espansione in questo zona. Non è ancora molto diffusa ed essendo un business di alto livello stanno cercando le persone giuste per aiutarli nella loro espansione. Ora non posso essere sicuro che sia di tuo interesse, ma in caso positivo, avrei piacere a lavorare con te per sviluppare questo settore. Saresti disponibile e aperto a imparare il nostro sistema di lavoro?»

SEGRETO n. 8: quando le persone esprimono interesse a saperne di più, proponigli di presenziare a una presentazione oppure di visionare i vostri strumenti multimediali per fargli conoscere il progetto di business.

Invito per richiedere un favore

Con tale tipo di invito, si chiede, in sostanza alle persone di farvi un favore controllando il tuo business per verificarne la correttezza e convenienza. Ecco alcuni esempi:

Dopo aver parlato con un tuo amico della sua attività nel settore degli investimenti, potresti dirgli qualcosa di simile: «Recentemente ho iniziato un'attività in proprio con una società che sta avendo una crescita notevole. Sono rimasto molto impressionato da quello che ho visto finora, ma sarei interessato a ottenere la tua opinione visto le tue competenze professionali. Se ti dovessi trasmettere alcune informazioni nella tua posta elettronica che forniscono una panoramica di ciò che questa società sta facendo, saresti disposto a prendere il tempo per darci uno sguardo e darmi un tuo parere?»

Oppure potresti usare questa ulteriore strategia:
Quando parli con tuo amico gli potresti chiedere: «Posso chiederti un favore? Ho iniziato un'attività in proprio part-time e sono davvero entusiasta del suo potenziale. So che hai una grande esperienza nel settore vendite, marketing, formazione aziendale, network marketing e altro ancora e pertanto vorrei chiedere se saresti disposto a dare un'occhiata al mio business e fornirmi un feedback e qualche consiglio».

Dopo aver parlato con un tuo amico circa la sua vacanza, potresti dire qualcosa del genere: «Ho di recente iniziato a collaborare con un gruppo di persone di tutto rispetto che stanno promuovendo l'espansione di una società in rapida crescita in questo settore.

Chi pensi, tra le persone che conosci, abbia doti di leader, sia intraprendente e dalle grandi potenzialità professionali che potrebbe essere aperto per un cambiamento nella sua attuale attività?» Il tuo amico potrebbe rispondere con alcuni nomi, tuttavia, è più probabile che ti farà una domanda per cercare ulteriori informazioni. In ogni caso invitalo a un incontro per fargli conoscere la tua attività.

Un follow-up di risposta

Se qualcuno sembra titubante dopo aver sentito uno dei tuoi inviti oppure se risponde con un commento negativo, ecco le migliori risposte che puoi dare: «Ho il massimo rispetto per te. Quando pensavo con chi mi piacerebbe lavorare, ho messo il tuo nome in cima alla lista di un elenco ristretto e per questo avrei piacere a parlartene per verificare se possa essere di tuo interesse». Se la risposta dovesse essere ancora negativa, ringraziarlo per il suo tempo e vai avanti con la chiamata successiva, dove potresti dire qualcosa di simile: «Lo scopo della mia telefonata era quello di verificare se potevi essere disponibile a valutare un'opportunità per diversificare il tuo reddito oppure per cambiare la tua attuale attività professionale. Il tuo nome mi è venuto in mente perché sei una persona per cui provo rispetto e ammirazione e mi sono chiesto se poteva essere il momento giusto nella tua vita per fare qualcosa di nuovo e originale».

Invitare tramite segreteria telefonica

Quando si contattano le persone, bisogna essere pronti a imbattersi nella loro segreteria telefonica. Quando si ascolta un messaggio registrato, hai due opzioni:

- la prima è quella di riagganciare e provare più tardi;
- la seconda consiste nel lasciare una breve comunicazione.

Il mio consiglio è di lasciare un messaggio sintetico all'unico scopo di fargli sapere che lo hai contattato. Ecco un esempio del tipo di messaggio che si potrebbe lasciare:
«Ciao (nome dell'amico), spero che tu abbia trascorso un weekend fantastico. Quando hai un attimo di tempo libero contattami sul mio telefono cellulare perché ho qualcosa di molto interessante di cui voglio parlarti. Il mio numero è (numero di cellulare) non vedo l'ora di sentirti. Saluti.»

Se il tuo amico ti dovesse chiamare in un momento in cui non hai la tranquillità e il tempo per conversare con lui concorda un momento successivo in cui lo contatterai per invitarlo a un colloquio. È fondamentare riuscire a dare sempre un'immagine professionale anche quando chiami i tuoi amici.

Invitare con la posta elettronica e social network

La strategia migliore e quella più efficace in base alla mia esperienza, è usare la comunicazione per email oppure per social network inviando un messaggio personalizzato (mai messaggi generici e standardizzati), diretto a fissare un appuntamento per parlare a telefono oppure incontrarsi di persona. Gli inviti di massa rivolti a tutti quelli che conosci, che si tratti di email, posta ordinaria oppure un sito di social network, non sono mai stati veramente efficaci. Ecco un esempio di messaggio da inviare per mail per fissare un appuntamento telefonico: «Ciao, spero che tu abbia trascorso un weekend fantastico. Mi piacerebbe parlare con te per cinque minuti nei prossimi giorni. Saresti disponibile domani sera dalle 18 alle 20 oppure mercoledì pomeriggio dalle 14 alle 17? Grazie, (tuo nome) ».

Il vantaggio di questa tipologia di invito è che sarà maggiormente produttiva perché riceverai le telefonate delle persone che hai contattato in un arco di tempo in cui sei preparato per parlare con loro evitando di trovarti a gestire conversazioni improvvisate.

Ecco un esempio di come utilizzare Facebook per fissare un appuntamento: «Ciao, ho qualcosa di cui vorrei parlarti. Posso offrirti un caffè la settimana prossima?» In caso di risposta affermativa concordare ora e luogo per l'appuntamento.

Quando si inizia a invitare le persone, bisogna assicurarsi di adottare la giusta strategia perché anche se gli amici intimi possono essere disposti a guardare la tua attività anche se dici e fai tutto in modo sbagliato, avrai comunque dato loro il cattivo esempio di come sarà gestito il vostro business.

Crea il tuo invito personalizzato

Ora che hai letto una serie di inviti, è necessario creare lo script che verrà utilizzato quando si chiamano le persone. È stato dimostrato che coloro che utilizzano uno script oppure programmano le telefonate riescono a ottenere i migliori risultati rispetto a chi improvvisa. Utilizzare degli scipt ben preparati permette di articolare in modo chiaro quello che vuoi dire quando inviti la gente a valutare il tuo business.

Questi script possono anche aiutarti a rimanere concentrato su quello che si vuole dire evitando di fare conoscere in anticipo più del necessario. È possibile utilizzare uno degli script in questo manuale, oppure è possibile crearne uno personalizzato, più vicino al tuo modo abituale di colloquiare così come ti conoscono i tuoi amici.

Quando crei lo script accertati che somigli a una normale conversazione e che possa essere letto senza intoppi e con emotività. Non dimenticare di creare curiosità e interesse, facendo attenzione a non dire troppo. Se non ti senti a tuo agio nell'usare uno script è possibile fare ricorso a uno schema in cui vengano elencati i punti da illustrare per guidare l'utente attraverso la conversazione.

È consigliabile anche chiedere ai tuoi sponsor di condividere con te le esperienze che hanno maturato per prendere appuntamenti. Se hanno escogitato qualcosa che ha funzionato per loro, anche se è in conflitto con questa formazione, si dovrebbe sempre seguire il loro esempio perché specificatamente riferito al tuo business. Una volta terminato lo script fai partica simulando la telefonata per prendere appuntamenti con le persone che conosci oppure registrandola per poi riascoltarla.

Preparati alle domande

Se riesci a suscitare interesse e curiosità, è probabile che ti troverai a dover gestire una serie di domande perché i tuoi potenziali partner commerciali saranno desiderosi di saperne di più. È importante anticipare le loro domande ed essere preparati ad affrontarle. Si creerà un clima di fiducia visto che sari visto come un professionista competente. L'obiettivo è quello di presentare risposte logiche e ragionevoli, per non creare resistenza.

Piuttosto che rispondere a un sacco di domande per telefono, sarebbe meglio se riuscissi a dare qualche minima informazione per suscitare la loro curiosità a saperne di più partecipando a un meeting della tua azienda oppure a un colloquio personale. Il mio consiglio è di limitarti al minimo indispensabile per non alimentare ulteriori domande e incomprensioni anche se a volte incontrerai persone con cui ti verrà voglia di dilungarti di più.

Se si desidera accelerare il processo di duplicazione all'interno del tuo business, si deve sempre dare il buon esempio e seguire il sistema correttamente. Ecco alcune delle domande più comuni che si sentono quando la gente vuole saperne di più, insieme alle risposte suggerite:

- «Cosa stai facendo?»
- «Che tipo di attività è?»

Quando ti fanno una domanda per avere ulteriori informazioni, non sono alla ricerca di una presentazione completa ma semplicemente di soddisfare un bisogno di curiosità.

Qui di seguito sono forniti un paio di esempi di risposte:
«Piuttosto che entrare nei dettagli al telefono, preferisco inviarti delle informazioni per posta elettronica che ti forniscono una presentazione professionale del business che voglio farti esaminare. Quindi, se sei interessato a saperne di più, possiamo incontrarci e approfondire gli aspetti sui quali necessiti qualche

chiarimento oppure un supplemento di informazioni».

«Preferisco non entrare nei dettagli al telefono poiché hai davvero bisogno di vedere da vicino quello che stiamo facendo. Un piccolo gruppo di noi si ritrova questo giorno a questa ora. Il mio socio in affari ti fornirà una panoramica delle attività, che include alcuni documenti che ti aiuteranno a cogliere pienamente il potenziale della nostra opportunità. Quando abbiamo finito, possiamo parlarne in privato per esaudire qualsiasi domanda che ti viene in mente. Penso che ti piacerà quello che ho da mostrarti. Vuoi essere incluso nella lista dei partecipanti?»

- «Che tipo di prodotto o servizio vendete?»

Se commercializzi un prodotto oppure un servizio in un settore che suscita emozioni positive potresti citarlo, evitando però di entrare nello specifico, a meno che non sia qualcosa di cui sei certo che almeno l'80% della popolazione avrebbe un interesse a saperne di più. Se qualcuno ti fa questa domanda, è possibile utilizzare una delle risposte alle domande precedenti, salvo che non sei in grado di rispondere alle loro domande direttamente.

Qui ci sono un paio di esempi di una risposta diretta:

«È un servizio straordinario con un enorme potenziale per conquistare il mercato, ma preferisco non entrare nei dettagli al telefono. La nostra azienda ha redatto degli ottimi strumenti informativi per descrivere il nostro servizio e il mercato nel migliore dei modi possibili. Se ti invio qualcosa per posta elettronica sei interessato a esaminarlo? Poi se trovi qualcosa che ti interessa possiamo approfondire il discorso parlandone da vicino oppure al telefono».

Se si dispone di un prodotto, si potrebbe dire qualcosa di simile: «È un prodotto molto particolare che si sta vendendo incredibilmente bene. Ne sono felice di parlarne con te a questo proposito anche se preferisco non entrare nei dettagli al telefono perché vi è bisogno di esaminare l'intero quadro della situazione. Quando vedrai quello che stiamo facendo, sono convinto che lo troverai entusiasmante». Quindi, procedi concordando un momento per illustrare il progetto. Ricordati sempre: meno parli e meglio è.

«Si tratta di Network Marketing (multilevel marketing)?» Non importa quanto hai fatto correttamente l'invito, perché ti capiterà di ricevere questa domanda con una certa frequenza. Se ti capita di sentirla spesso, allora hai la necessità di modificare il tuo invito in quanto è chiaro che, da come è stato impostato, da l'idea di essere un sistema piramidale oppure una catena. Quando si sente questa domanda, bisogna essere preparati per i meno esperti del settore oppure che sono stati male informati da qualcuno che gli ha procurato esperienze negative.

Qui ci sono due diverse opzioni di risposta: «Sì, hai familiarità con questo business?» In caso di risposta positiva puoi invitarlo a condividere con te le sue esperienze professionali in tale ambito. Se invece dovesse rispondere di aver avuto esperienze negative, puoi chiedergli di approfondire il discorso. Successivamente devi cercare di sottolineare le differenze con la tua azienda e le sue precedenti esperienze professionali.

Cerca di mantenere la conversazione con un atteggiamento positivo e se si dimostra disponibile a conoscere il tuo business digli con un tono di voce sicuro: «Quando conoscerai di più in merito a quello che la nostra azienda può offrire, ne rimarrai impressionato. Se ti mando alcune informazioni ti va di darci un'occhiata?»

«Il nostro sistema si basa sui punti di forza di diversi business, tra cui il network marketing. Quando esaminerai le informazioni che ti manderò, sono certo che ti accorgerai di ciò che ci rende unici. Anche io ero molto scettico in un primo momento, ma poi sono rimasto veramente impressionato da quello che ho visto. Sei disponibile a valutare una presentazione della nostra opportunità per decidere se potrebbe essere di tuo interesse?»

Qualcuno potrebbe farti la fatidica domanda: «Quanto costa?» Quando le persone ti propongono questa domanda, è possibile rispondere dopo aver elencato i servizi compresi nell'affiliazione commerciale, oppure è possibile utilizzare uno risposta come questa: «I nostri bassi costi di start up sono solo una delle principali qualità che rendono il nostro business un sistema unico, soprattutto se si considera il suo potenziale che credimi è impressionante. Prendiamoci un po' di tempo perché ti possa dimostrare quello che si può realizzare e magari discutere su come possiamo lavorarci insieme».

RIEPILOGO DEL CAPITOLO 2:

- SEGRETO n. 5: È importante capire che andare alla ricerca di persone che vogliono entrare nel tuo business e/o acquistare i tuoi prodotti/servizi, è un gioco di numeri.
- SEGRETO n. 6: L'obiettivo finale della chiamata per invitare è quello di ottenere un accordo dalle persone per partecipare a un colloquio personale con un manager della tua azienda oppure a un meeting di presentazione insieme ad altre persone.
- SEGRETO n. 7: Quando si invitano le persone a valutare il tuo business, si dovrebbe trovare il modo per fare loro un complimento sincero che esalti qualche loro qualità attinente alla tua proposta.
- SEGRETO n. 8: Quando le persone esprimono interesse a saperne di più, proponigli di presenziare a una presentazione oppure di visionare i vostri strumenti multimediali per fargli conoscere il progetto di business.

CAPITOLO 3:
Come fare presentazioni irresistibili

In questo capitolo imparerai come introdurre in modo efficace il tuo business attraverso l'uso degli strumenti professionali e presentazioni personali. Gli strumenti più diffusi utilizzati dalle aziende per farsi conoscere:

1) audio CD;
2) DVD;
3) CD / DVD doppio disco, che sono i dischi sia con un audio e video di presentazione;
4) strumenti Internet come siti web con video in streaming online;
5) materiali stampati, come brochure aziendali, riviste aziendali e riviste sponsorizzate;
6) CD opuscoli, che sono opuscoli con un CD di presentazione inserita all'interno;
7) video conferenze sempre disponibile con accesso da un sito web.

SEGRETO n. 9: quando si utilizzano gli strumenti per introdurre la tua azienda, vi è solo da trasmettere il messaggio attraverso un supporto di varia tipologia.

I vantaggi di usare gli strumenti di marketing

L'utilizzo degli strumenti professionali per presentare la tua attività offre dieci vantaggi:

1. **È più comodo**: per la maggior parte delle persone, è più comodo utilizzare tali strumenti che fare presentazioni personali. Più persone sono a loro agio con il metodo che si utilizza per presentare il business e maggiori riscontri troverai quando proponi di farlo conoscere.
2. **È più efficiente da un punto di vista temporale**: usando gli strumenti per introdurre la tua azienda, è possibile determinare chi ha un serio interesse a saperne di più sulla tua attività prima di prendere gli appuntamenti per i colloqui. Questo ti permette di investire il tuo tempo in modo produttivo, perché ti troverai a incontrare solo chi ha un forte interesse a valutare il tuo business.
3. **Le presentazioni possono essere riviste più volte**: si ha la possibilità di offrire uno strumento che è possibile rivedere più

volte dove e quando si vuole senza la tua personale partecipazione. Ogni volta che i tuoi contatti lo rivedranno, impareranno di più sulla tua attività incrementando il loro interesse e la loro motivazione.

4. **Necessità di un minor aiuto dal proprio sponsor per iniziare**: se scegli di utilizzare tale strategia non vi è bisogno di qualcuno che ti insegni come fare le presentazioni personali e ti affianchi duranti i colloqui. Ti basterà seguire le istruzioni su come invitare le persone a visionare la presentazione che gli hai inviato.
5. **Strumenti per creare un atteggiamento**: dal momento che chiedi di rivedere uno strumento così semplice e non invasivo, i tuoi potenziali partner commerciali matureranno la convinzione che creare un business dal nulla con la tua azienda non è poi così difficile anche per chi non ha nessuna esperienza nel settore e si sente spaventato dal dover effettuare delle presentazioni personali.
6. **Strumenti per creare un atteggiamento favorevole riguardo il tempo a disposizione**: una delle domande che viene in mente alla maggior parte delle persone è se avranno abbastanza tempo per costruire il proprio business. Anche in

questo caso l'utilizzo degli strumenti aziendali li aiuterà ad accettare la tua proposta in quanto agevolerà notevolmente nelle attività da svolgere. Se percepiscono di poter costruire un business con questo strumento e non dovranno investire un sacco di tempo per effettuare le presentazioni, saranno probabilmente più attratte dalla tua opportunità.

7. **L'utilizzo di strumenti rende il successo maggiormente duplicabile**: chiunque può distribuire gli strumenti, ma non tutti possono fornire una convincente presentazione. In tal modo diversi processi aziendali vengono standardizzati a prescindere dal livello professionale dei rivenditori che vengono posti in condizioni di effettuare sin dalla loro entrata in azienda, presentazioni altamente professionali anche senza avere alcuna esperienza nel settore.
8. **L'utilizzo di strumenti aggiunge credibilità verso i tuoi contatti**: quando la gente vede una presentazione altamente professionale mediante uno degli strumenti professionali della tua azienda si convince maggiormente della serietà di quello che gli stai proponendo sia in termini di offerta di business che di prodotto e/o servizi da vendere.
9. **È più conveniente per te e i tuoi potenziali clienti**: quando si

chiede alle persone di rivedere uno degli strumenti, non c'è bisogno di coordinare gli orari per una presentazione personale. Questo permette alle persone di conoscere la tua attività a loro piacimento in base alle proprie esigenze di tempo e di luogo senza intralciare con i propri impegni personali e professionali.

10. **È più facile invitare le persone a visionare uno strumento che partecipare a una presentazione personale**: invitare le persone a partecipare a una presentazione dal vivo, ti espone in genere a più obiezioni perché gli stai chiedendo di usufruire di parte del loro tempo con vincoli di orario.

Se hai intenzione di utilizzare uno degli strumenti di presentazione forniti dalla tua azienda, il tuo compito diventa molto semplice. Infatti, basta invitare le persone a esaminare uno degli strumenti, che gli invierai mediante internet oppure di persona (anche per posta) per poi programmare un momento di condivisione delle sue impressioni magari se non sei ancora molto esperto in compagnia del tuo sponsor.

La presentazione personale

Tale strategia si attua quando si fa conoscere una proposta di business in una presentazione dal vivo individuale oppure collettiva. Ci sono tre tipi di presentazioni personali che sono comunemente utilizzate per introdurre le persone a una opportunità di network marketing:

- *Presentazione one-to-one*: si verifica quando ti incontri privatamente con uno dei tuoi potenziali collaboratori per un colloquio personale. Il luogo consigliabile è quello che ha un valore neutrale per entrambi affinché possiate mettervi a vostro agio senza che nessuno dei due si trovi in una situazione di dominanza psicologica verso l'altro. I luoghi ideali sono le sale convegni degli hotel oppure in un bar di immagine.
- *Presentazioni Two-to-One*: riguarda il caso in cui ti fai affiancare dal tuo sponsor durante un colloquio con un tuo potenziale partner commerciale oppure un cliente. In tal caso avrai il vantaggio di farti aiutare da chi ha più esperienza di te e di poter imparare le sue strategie e tecniche di vendita. Il rovescio della medaglia è che vi deve essere una perfetta concordanza tra gli interventi del tuo sponsor e i tuoi per non

andare in contraddizione tra voi e creare confusione nell'ascoltatore.

- *Riunioni private*: con questo tipo di presentazione, inviterai un piccolo gruppo di persone a casa tua oppure di qualcuno dei tuoi partner commerciali in un momento della giornata in cui si può stare tranquilli senza essere disturbati. In tale circostanza uno dei tuoi partner commerciali, meglio se il tuo sponsor, introdurrà l'attività della vostra azienda all'intero del gruppo di persone una volta sola a beneficio di tutti. Questo è un metodo molto produttivo per presentare la tua attività perché la farai conoscere a più persone contemporaneamente con notevole risparmio di tempo.

Esiste una variante di questo tipo di presentazione nel caso in cui è rivolta a un gruppo abbastanza numeroso di persone e solitamente si svolge nelle sale convegni degli hotel che abbiano una discreta immagine onde salvaguardare l'importanza del tuo progetto di business. Tuttavia, non è generalmente raccomandata se stai da poco nel business in quanto, richiede particolari abilità comunicative tra cui il parlare in pubblico e saper gestire ogni problematica dovesse sorgere nella gestione dell'aula. Queste presentazioni risultano maggiormente efficaci se utilizzate per fornire maggiori informazioni alle persone che sono già state introdotte al tuo business attraverso uno strumento multimediale oppure una presentazione personale. Tali presentazioni sono molto efficaci per forgiare nella gente convinzioni potenzianti verso l'attività perché i tuoi potenziali collaboratori possono incontrare altri rivenditori e ascoltare le loro storie.

SEGRETO n. 10: il vantaggio principale della presentazione personale è che se viene fatto un buon lavoro, è probabile che si riesca a sponsorizzare una percentuale maggiore di persone rispetto a quando si utilizzano degli strumenti tecnici, per il livello superiore di emotività derivante dal fattore umano.

Qui ci sono alcuni motivi:

a) Sarai in grado di rafforzare il rapporto con i tuoi potenziali collaboratori perché vi troverete a trascorrere del tempo insieme. Quanto più forte è il rapporto personale che riuscirai a instaurare con i tuoi potenziali partner commerciali, più saranno motivati a collaborare con te proficuamente. Per costruire un rapporto duraturo, imparare a esprimere apprezzamento in modo sincero e disinteressato perché non solo arricchirà la vita degli altri ma anche il tuo valore personale. Un'altra qualità che ti consiglio di sviluppare è di mostrare un sincero interesse per le esigenze altrui evitando di mostrarti come qualcuno che cura i rapporti personali unicamente per finalità lucrative.

b) È possibile personalizzare la presentazione per il pubblico che hai difronte a tutto vantaggio del loro maggiore coinvolgimento avendo in tal modo la totale attenzione per l'intera presentazione e questo permetterà ai presenti di conoscere il business senza distrazioni e interruzioni. Pertanto sarai posto nelle migliori condizioni per dimostrare la validità e convenienza della tua proposta incrementando le percentuali di sottoscrizioni.

Il tuo depliant di presentazione

Se la tua azienda non ha progettato un libretto specificamente per le presentazioni del tuo business, ti conviene tirare fuori tutta la tua intraprendenza e creartene uno tuo. Oltre a servirti per fare conoscere la tua attività potrai utilizzarlo per fornire maggiori informazioni quando sorgono domande durante i colloqui. Tutto quello che devi fare è di acquistare un folder ad anelli con i relativi lucidi dove potrai inserire tutti i documenti che reputi interessanti per promuovere la validità della tua offerta di business sia per i tuoi nuovi partner commerciali e sia per le persone interessate ad acquistare i tuoi prodotti e/o servizi. Fai ricorso a molte immagini perché hanno una grande capacità di persuasione e valgono di più di mille parole.

Puoi inserire:

- I vantaggi unici della tua azienda e del suo team di manager;
- La forza del piano di compensazione;
- Le tendenze di crescita futura nel vostro settore;
- La formazione e il sostegno a loro disposizione;
- Gli strumenti di marketing e di presentazione messi a disposizione;
- Incentivi e viaggi premio;
- Riconoscimento con foto;
- E qualsiasi altra cosa che ti aiuterà a mostrare alla gente ciò che rende il tuo business così speciale.

Parla con il tuo sponsor oppure con uno dei suoi partner commerciali per chiedere i loro suggerimenti. Quindi, ora la domanda è: «Quale metodo si dovrebbe utilizzare?»

Se la tua azienda è come la maggior parte del settore, avrai la flessibilità necessaria per introdurre il tuo business utilizzando sia gli strumenti di presentazione che i colloqui personali. Il modo migliore per iniziare è quello di imparare da quello che sta facendo il tuo sponsor di maggiore successo. Guardando le sue presentazioni sarai in grado di imparare velocemente il sistema migliore per far conoscere la tua attività per poi creare un tuo stile personalizzato quando avrai fatto la dovuta esperienza.

Costruisci il tuo marchio personale

Indipendentemente dal fatto che si utilizzano strumenti oppure presentazioni personali, è consigliabile farti sempre affiancare dal tuo sponsor specie quando sei all'inizio. Forse quello che ti sto per dire può sembrati strano ma il modo di presentare la tua azienda è importante, ma mai quanto lo è come presenti te stesso. Così come le aziende e i loro prodotti hanno un marchio anche le persone dovrebbero fare lo stesso. Il tuo marchio è come il mondo ti vede. Si tratta dell'impressione che fai sugli altri, i valori in cui ti identifichi, le qualità che plasmano la tua personalità e le caratteristiche che ti rendono una persona speciale che si distingue dalla massa.

SEGRETO n. 11: il tuo obiettivo dovrebbe essere quello di costruire un tuo marchio personale in modo che quando la gente pensa a te, pensa a qualcuno che per cui nutre rispetto e ammirazione.

RIEPILOGO DEL CAPITOLO 3:

- SEGRETO n. 9 Quando si utilizzano gli strumenti per introdurre la tua azienda, vi è solo da trasmettere il messaggio attraverso un supporto di varia tipologia.
- SEGRETO n. 10: il vantaggio principale della presentazione personale è che se viene fatto un buon lavoro, è probabile che si riesca a sponsorizzare una percentuale maggiore di persone rispetto a quando si utilizzano degli strumenti tecnici, per il livello superiore di emotività derivante dal fattore umano.
- SEGRETO n. 11: il tuo obiettivo dovrebbe essere quello di costruire un tuo marchio personale in modo che quando la gente pensa a te, pensa a qualcuno che per cui nutre rispetto e ammirazione.

CAPITOLO 4:
Come individuare le leve motivazionali dei tuoi collaboratori

L'obiettivo di questo capitolo è duplice:

- Imparerai come individuare quello che alle persone interessa della tua opportunità di business;
- Ti farà scoprire cosa fare con quelle persone che sono disponibili a saperne di più.

Il modo per determinare l'interesse delle persone si baserà sul metodo che utilizzerai per introdurre la tua opportunità professionale.

SEGRETO n .12: se stai facendo conoscere la tua azienda mediante le presentazioni personali, sarai posto nella migliore condizione possibile per individuare il loro interesse personale a intraprendere un'attività nel network marketing.

Se illustri il tuo business utilizzando uno degli strumenti di presentazione, ti converrà programmare una telefonata successivamente, per intervistare il tuo potenziale collaboratore onde verificare le sue impressioni e il livello di interesse.

Categorizzare i tuoi potenziali clienti e collaboratori

Le persone cui puoi presentare il tuo business possono catalogarsi principalmente in tre categorie sancite dal loro livello di interesse e pertanto abbiamo:

- **Nessun interesse**: si tratta di persone che hanno interessi, valori e visione della vita e del mondo del lavoro che non si allineano con il network marketing. Non è un business per tutti ed è giusto che sia così.
- **Potenziale cliente**: si tratta di chi ha un interesse a utilizzare i tuoi prodotti e servizi reputandoli idonei a realizzare una propria esigenza personale.
- **Potenziale partner commerciale**: rappresenta colui che ha manifestato interesse nella tua azienda, al sistema di network marketing e al tuo particolare settore merceologico.

Identificare le aree di interesse dei tuoi potenziali clienti e collaboratori

Dopo aver proposto con successo il tuo business, il prossimo passo sarà basato sull'analisi delle aree di interesse dei tuoi potenziali contatti. Tale identificazione dovrebbe avvenire spontaneamente durante il colloquio ma in caso contrario ti basterà fare qualche domanda di approfondimento al fine di classificare il loro interesse. Come esempio, si potrebbe chiedere qualcosa di simile: «In base a ciò che hai sentito durante il colloquio si potrebbe dire che il tuo interesse è più verso i prodotti, l'opportunità oppure entrambi?» È così semplice. Dai un'occhiata a cosa fanno le persone che rientrano in ciascuno di questi tre gruppi e come si comportano nel prendere proprie decisioni.

Categoria n. 1: le persone che non hanno alcun interesse

Dopo aver presentato la tua azienda alle persone che non mostrano interesse nei tuoi prodotti, servizi e attività, ecco cosa ti consiglio di fare:

- mantieni la calma, non fare alcun tipo di pressione per farli sentire a disagio;

- resta ottimista e non dimostrarti deluso oppure scoraggiato;
- ringraziali per il tempo che hanno dedicato a esaminare il tuo business;
- chiedigli se conoscono qualcuno cui potrebbe interessare, verificando se potrebbero essere disposti a darti qualche nominativo.
- chiedi l'autorizzazione per restare in contatto se in futuro dovesse cambiare qualcosa nel tuo business. Tale strategia può rivelarsi molto efficace perché vi sono alcuni cui non piace decidere immediatamente avendo bisogno di prendersi del tempo: capita a tutti di cambiare idea nel tempo. Rimanendo in contatto con loro vedranno che sei interessato seriamente e professionalmente al tuo business e non si tratta di un qualcosa di passeggero e transitorio.

Categoria n. 2: I consumatori potenziali

Concerne coloro che hanno un interesse nell'utilizzo dei tuoi prodotti e servizi. Dopo averli presentati, ecco cosa ti consiglio di fare:

- rispondi a tutte le domande che possono avere su i tuoi prodotti e servizi;

- motiva il prezzo;
- evidenzia la garanzia di rimborso, se la tua azienda ne offre una;
- richiedi una decisione. Se la decisione è positiva, passa alla fase successiva;
- spiegagli come usare il tuo prodotto e/o servizio per avere i migliori risultati;

Categoria n. 3. Potenziali partner commerciali

Si tratta delle persone il cui interesse primario è nell'opportunità di business della tua azienda. Quando le persone sono disponibili a saperne di più sulla tua attività, il prossimo passo è quello di costruire un rapporto fiduciario basato su tre aspetti:

1. *Negli elementi strategici dell'attività che sono importanti per loro.* Per alcune persone questo può essere il piano di compensazione, per altri la formazione oppure il settore merceologico di riferimento.
2. *Nella tua capacità di aiutarli.* Ricordati, non solo le persone valutano il tuo business ma prendono in considerazione per le loro scelte con chi andranno a lavorare e se sono persone meritevoli della loro fiducia e stima personale e professionale.

3. *Nelle loro potenzialità di costruire un business di successo con la tua azienda.* Una delle domande che vengono in mente alla maggior parte degli individui è se riusciranno ad avere successo con quello che gli stai proponendo. Sarà compito tuo riuscire a dargli fiducia in se stessi e nel loro potenziale enfatizzando le loro competenze professionali e capacità personali che avrai esaminato durante il colloquio.

Il focus di questo capitolo sarà su come rapportarti con le persone che rientrano nella terza categoria composta dai potenziali partner commerciali.

SEGRETO n . 13: quando le persone sono state informate circa la tua attività e sono disponibili a saperne di più, il tuo obiettivo sarà quello di costruire con loro un rapporto di fiducia e stima reciproca.

Ecco le otto opzioni più in uso nel settore del network marketing per costruire fiducia nelle persone che hanno un interesse e per aiutarli a prendere una decisione. Si consiglia di parlarne con uno dei tuoi business partner upline per vedere quale di queste opzioni sono a vostra disposizione.

Colloqui personali e individuali

Si verifica quando effettui un colloquio individuale con persone a cui è già stato presentato il tuo business con uno degli strumenti aziendali (oppure mediante un altro sistema di presentazione) e che sono disponibili a saperne di più. Questo incontro dovrebbe essere fissato entro le 48 ore per mantenere lo slancio mentre il loro interesse è ancora alto. Dal momento che a queste persone è già stata presentata la tua attività, non dovrai illustrarla nuovamente ma avrai bisogno di concentrarti sugli aspetti motivazionali su cui voglio darti delle indicazioni:

a) Rafforza il rapporto personale in modo da costruire una relazione fondata su solide basi fiduciarie. Inoltre avrai l'opportunità di mostrarti come un leader che tiene a cuore la crescita personale ed economica dei propri partner.
b) Identifica i loro bisogni, desideri e preoccupazioni che la tua attività potrebbe aiutare ad affrontare e risolvere in modo credibile e vantaggioso.
c) Determina quali aspetti della tua proposta hanno bisogno di conoscere per determinare se hanno un serio interesse e sono

motivati a impegnarsi.

d) Discuti i punti che hanno individuato essere importanti nella valutazione che hanno fatto della tua proposta.

e) Chiedi di prendere una decisione, se la tua azienda sembra essere la soluzione più adatta a risolvere le loro esigenze. Se i tuoi contatti sono vicini localmente, dovrebbe sempre essere il tuo obiettivo di stare insieme quanto più tempo possibile per rafforzare il vostro rapporto personale coltivando gli interessi che avete in comune.

Colloqui due con uno

È quando ci si incontra per un colloquio affiancato dal tuo sponsor con le persone che già hanno assistito a una presentazione del tuo business. Lo schema è identico a quello della presentazione personale, ma in questo caso il tuo sponsor farà la maggior la parte del colloquio, offrendoti l'opportunità di imparare le sue strategie.

Riunioni private di business

Questi eventi sono efficaci non solo per far conoscere la tua attività, ma hanno anche un valore determinate per costruire un rapporto fiduciario con quelli che già hanno partecipato a una presentazione e che hanno un interesse a saperne di più. Se hai presentato il tuo business a qualcuno, la successiva fase di ricontatto non dovrebbe avvenire oltre le 48 ore di distanza, ricorrendo a una delle prime due opzioni in modo da non perdere lo slancio emotivo.

Presentazione verso un gruppo di persone

È anche comunemente denominato come meeting e si svolge di solito presso la sala convegni di un hotel di prestigio. Queste presentazioni sono molto potenti per formare delle convinzioni potenzianti in merito alla validità del tuo business. Inoltre forniscono l'opportunità di confrontarsi con i rivenditori di maggior successo della tua azienda, analizzare le strategie aziendali e i prodotti in esposizione, ascoltando le testimonianze di chi già svolge l'attività.

Quando inviti qualcuno a un evento, assicurati che si prenda il tempo necessario per partecipare a tutta la sua durata e di trattenersi al termine per un colloquio individuale con te. Quando le persone sono entusiaste della tua azienda dopo un evento, devi essere in grado di metterli in condizione di iniziare già da subito il business per non perdere lo slancio emotivo. Difatti gli esseri umani prendono le decisioni in base a una motivazione di natura prettamente emozionale per poi giustificarla razionalmente.

Chiamata a tre vie

La chiamata a tre vie si ha quando insieme a uno dei tuoi sponsor contatti telefonicamente un potenziale collaboratore. Secondo la comune esperienza è stato dimostrato essere una delle opzioni più efficaci per persuadere le persone ad aderire a una proposta di business. L'obiettivo di tale strategia è quello di metterti nella condizione di rispondere egregiamente a qualsiasi domanda ti viene posta acquisendo in professionalità e credibilità. Inoltre avrai l'opportunità di parlare con altre persone che sono nel tuo business da diverso tempo e ascoltare le loro storie di successo.

Spesse volte solo parlare con qualcuno che ha già avuto risultati apprezzabili come il tuo sponsor consente di convalidare la tua attività nelle loro menti come qualcosa di positivo e su cui fare affidamento.

Il processo di pianificazione di una chiamata a tre vie

Quando si desidera pianificare le chiamate a tre vie con i tuoi potenziali clienti, anticipagli che parteciperà al colloquio uno dei tuoi sponsor per poter beneficiare anche delle sue competenze ed esperienze professionali giustificando così la sua presenza.

Ecco la sequenza nell'organizzazione di una chiamata a tre vie:

- illustra ai tuoi potenziali collaboratori il motivo del colloquio e uno schema del suo svolgimento;
- richiesta di un paio di opzioni temporali nelle prossime 48 ore. È opportuno sempre offrire almeno due alternative, così da avere una certa flessibilità;
- spiega che dovrai verificare la disponibilità del tuo sponsor e che quanto prima gli darai la conferma per telefono oppure posta elettronica a sua scelta;

Dieci minuti prima del colloquio, contatta il tuo sponsor per raccontargli a proposito del tuo contatto in merito ai suoi dubbi e perplessità onde prepararlo a eventuali domande e richieste di chiarimento.

Inizia il colloquio presentando brevemente il tuo sponsor e informando il tuo potenziale collaboratore che gli hai già parlato di lui magari facendogli dei complimenti. Sarà lo sponsor poi a prendere il controllo della conversazione mentre tu ti limiterai ad ascoltare.

Se non si dispone di questa funzionalità sul proprio telefono puoi fare ricorso a dei sistemi di telecomunicazione sul web come Skype e Msn dove avendo anche una webcam puoi organizzare una conversazione anche visiva con un notevole incremento della forza persuasiva. Ti consiglio di fare delle prove per acquisire una certa padronanza con questi sistemi di comunicazione.

Online Media

In questo modo la tua azienda ha la possibilità di presentare il suo messaggio promozione mediante la rete Internet attraverso un video. Chiedi al tuo sponsor se la vostra azienda dispone di tutte le presentazioni online che possono esserti utili per sponsorizzare a distanza. In caso di risposta affermativa informati sull'efficacia di tali risorse in base alle sue esperienze.

Presentazione in Webinar (video conferenza sul web)

I webinar sono seminari e presentazioni trasmesse sul web, che spesse volte sono progettate con il programma PowerPoint. Se i leader all'interno della tua azienda stanno conducendo le presentazioni webinar dal vivo, puoi approfittarne per invitare i tuoi contatti.

Per invitare in modo professionale le persone a guardare un Webinar, ecco i passaggi che dovresti seguire:

- conferma la data, l'ora e i dettagli, programmando un tempo di follow-up subito dopo la conclusione;
- invia una email professionale con un link per entrare nella sala conferenza e tutte le altre istruzioni necessarie per la partecipazione. Ricordati di chiamare i tuoi contatti circa 20/30 minuti prima del Webinar per un promemoria non lasciando mai nulla al caso: se ti lasci sfuggire questo passaggio rischi di perdere per esperienza circa il 50% dei tuoi invitati;
- pianifica un momento di follow-up non appena il webinar si conclude in modo da potere ascoltare le loro impressioni a caldo provando a risolvere tutti i dubbi e perplessità sul

nascere.

SEGRETO n. 14: ricordati sempre di non lasciare trascorrere più di 48 ore senza incontrare i tuoi contatti per sapere le loro opinioni e soddisfare le richieste di maggiori informazioni in merito al tuo business.

«Un viaggio di mille miglia inizia con un solo passo».
Proverbio cinese

I siti web della tua azienda

Invitare le persone a visitare il sito web della tua aziendale è sempre un'ottima strategia, ma non devi fare affidamento esclusivamente su di esso per costruire un rapporto di fiducia e di stima reciproca. Dal momento che pochissime persone si entusiasmano di una proposta di business visitando un sito web, sarebbe meglio utilizzare tale risorsa in collaborazione con uno degli altri metodi che ti ho illustrato in precedenza.

Conoscere il prossimo step

Una delle cose più importanti su cui concentrarsi nel processo di reclutamento è quello di conoscere sempre il tuo prossimo passo. Quando la gente esamina le informazioni, ma non sono ancora pronti a prendere la decisione di iniziare l'attività, è necessario continuare a costruire con loro un solido rapporto fiduciario, verso di te e la tua azienda fino al momento in cui prendono la loro decisione. Non concludere mai una conversazione al telefono oppure un colloquio personale con un potenziale cliente e partner commerciale senza aver programmato il passo successivo per non perdere di slancio ed entusiasmo nei rapporti personali. Cerca sempre di pianificare il prossimo appuntamento entro 48 ore per parlare al telefono oppure di persona, perché così facendo il tuo contatto saprà in anticipo quello che lo aspetta e si curerà di esaminare le informazioni ricevute finora sul tuo business per essere preparato sulle domande e sui chiarimenti da richiedere.

Il momento di programmare il follow-up

Indipendentemente dallo strumento e metodo utilizzato per introdurre il tuo business, è necessario pianificare con precisione la tempistica circa il quando effettuare la telefonata oppure il colloquio personale di follow-up. Non essere mai in ritardo per la telefonata di follow-up altrimenti rischi di apparire probabilmente come qualcuno che non dà valore e rispetto al tempo altrui e metterai in dubbio la fiducia nei tuoi confronti.

Dovrebbe essere un tuo obiettivo quello di tutelare il tuo marchio personale avendo sempre cura di apparire come la persona con cui tutti vorrebbero collaborare professionalmente e fare affari. Per quanto riguarda la telefonata di follow-up qui di seguito, puoi leggere alcuni script a titolo esemplificativo che ti aiuteranno a capirne il processo. Dopo aver scambiato alcuni convenevoli potresti chiedergli se ha ricevuto il materiale informativo che gli hai inviato e in caso di risposta affermativa, informarti se ha avuto la possibilità di esaminarlo. Qualora lo avesse analizzato, ci sono due opzioni cui potresti fare ricorso:

Opzione n. 1: Dovresti semplicemente chiedergli se è disponibile a imparare di più sulla tua attività commerciale. In questo tipo di approccio, vai dritto all'obiettivo in modo professionale. Se è favorevole a saperne di più, è necessario utilizzare una delle opzioni precedenti per fare andare avanti il processo. Domandare alle persone se sono aperti a imparare di più è meglio che chiedere se sono interessati a saperne di più. Ci saranno sempre più persone aperte all'apprendimento rispetto a quelle interessate all'informazione fine a se stessa.

Opzione n. 2: Potresti chiedere di individuare cosa gli è piaciuto e ha trovato interessante nel materiale informativo che gli hai inviato. Il vantaggio di questa strategia è che si aiutano le persone a focalizzarsi su quanto di positivo hanno trovato nella tua proposta per aprire una finestra di dialogo costruttiva, che molto probabilmente si traduce in una percentuale più elevata di persone che decidono di aderire. Se il tuo contatto non ha ancora esaminato il materiale che gli hai inoltrato, ci sono due opzioni da considerare:

1. Chiedergli tra quanto tempo riesce a esaminare il materiale che gli hai inviato e programmare un incontro nei prossimi giorni per sentire i suoi commenti.
2. Programmare un momento per incontrarsi allo scopo di parlarne di persona incoraggiandolo a esaminare anticipatamente il materiale inviatogli.

Il vantaggio di questa seconda opzione è che abbrevia il processo perché si salta il secondo follow-up, andando direttamente a programmare un colloquio individuale. Se riesci a organizzare l'incontro stai pur certo che nel 95% dei casi esaminerà la documentazione informativa per non correre il rischio di trovarsi impreparato e di fare una brutta figura. Nel restante 5% dei casi, bisogna essere pronti a dare loro una visione d'insieme della tua azienda.

Qui ci sono due script di esempio che potresti utilizzare se il tuo contatto non ha avuto la possibilità di esaminare il materiale informativo.

Script n. 1: «Non fa niente, so quanto sei impegnato. Quando credi di poter trovare un po' di tempo per esaminare il materiale che ti ho inviato? Ti faccio questa domanda perché avrei piacere a sentire un tuo parere».

Script n. 2: «So che hai moltissime cose da fare, è possibile rivederci durante i prossimi due giorni?» In caso di risposta positiva, puoi procedere a individuare una data per incontrarsi. Poi continua dicendo: «Avrei piacere a parlarne con te per verificare se può essere di tuo gradimento».

Risposta alla segreteria telefonica

Quando si effettua la telefonata per il follow-up e ti risponde la segreteria telefonica è opportuno lasciare sempre un messaggio per fare sapere loro che li ha chiamati per fissare un appuntamento. Ecco un esempio di ciò che si potrebbe dire quando si lascia un messaggio:

«Ciao sono Alessandro, richiamami appena hai tempo. Sentiti libero di chiamare in qualsiasi momento tra oggi e domani. Se non rispondo, è perché sono impegnato sull'altra linea, ma ti richiamerò subito. Il mio numero è….».

Quando si lascia un messaggio vocale, è opportuno parlare lentamente e chiaramente nel dare il tuo numero di telefono magari ripetendolo. Questo rende più facile alle persone recuperare il messaggio e scrivere il tuo numero di telefono. Ricordati che stai mettendo in gioco la tua immagine con le persone che contatti attraverso i messaggi vocali. Credi in te stesso e abbi fiducia nelle tue capacità!

«Senza una fiducia umile ma ragionevole nelle tue forze, non si può avere successo e felicità». *Norman Vincent Peale*

RIEPILOGO DEL CAPITOLO 4:

- SEGRETO n. 12: Se stai facendo conoscere la tua azienda mediante le presentazioni personali, sarai posto nella migliore condiziona possibili per individuare il loro interesse personale a intraprendere un'attività nel network marketing.
- SEGRETO n. 13: Quando le persone sono state informate circa la tua attività e sono disponibili a saperne di più, il tuo obiettivo sarà quello di costruire con loro un rapporto di fiducia e stima reciproca.
- SEGRETO n. 14: Ricordati sempre di non lasciare trascorrere più di 48 ore senza incontrare i tuoi contatti per sapere le loro opinioni e soddisfare le richieste di maggiori informazioni in merito al tuo business.

CAPITOLO 5:
Come moltiplicare le adesioni alla tua opportunità

Dopo aver presentato il tuo business, il tuo prossimo passo è quello di determinare se sono disponibili a imparare il vostro sistema commerciale. Per coloro che hanno un interesse, il tuo obiettivo sarà quello di trovare un punto di intesa tra le loro ambizioni e la tua attività. Più efficace sarai a guidarli attraverso questo processo, più persone vorranno fare parte della tua squadra. Per far si che prendano delle decisioni favorevoli alle tue proposte devi trattare le persone con rispetto e cortesia in quanto si è portati a fare affari con le persone che ci piacciono e che ci ispirano fiducia, vedendoli come qualcuno che può aiutarci a realizzare le nostre esigenze.

SEGRETO n. 15: questo business consiste nel trovare le persone giuste che hanno veramente il bisogno e il desiderio di godere dei benefici offerti dalla tua azienda per poi lavorare

insieme in un rapporto win-win.

Tre domande per te

La capacità di riuscire a persuadere i tuoi futuri collaboratori si basa essenzialmente sui seguenti fattori: per prima cosa, il successo deriva dal saper creare e gestire un solido rapporto personale oltre che professionale. Con quante più persone entrerai in contatto, quanto più probabilmente troverai qualcuno che vuole fare affari con te: il network marketing è fondamentalmente un business basato sui numeri.

In secondo luogo, un ulteriore elemento che determinerà il tuo successo riguarderà l'efficacia con cui identificherai la tua opportunità come la soluzione migliore per realizzare le esigenze e i desideri dei tuoi futuri partner commerciali.

In terzo luogo, dovrai essere percepito come professionista preparato e competente nel rispondere a ogni richiesta di chiarimenti e ulteriori informazioni.

Se si seguono questi tre semplici principi, scoprirai che riuscire a convincere i tuoi potenziali collaboratori ad accettare la tua proposta di business risulterà molto più semplice e agevole.

I 5 step per ottenere una decisione positiva

Questa è una formula chiara e collaudata per ottenere decisioni positive per ottenere migliori risultati possibili nel modo più rapido ed efficace possibile.

1. *Rafforzare i rapporti con potenziali partner commerciali*

Qual è il fattore principale al momento della decisione di intraprendere un'attività in proprio? La tua azienda, il tuo prodotto, la formazione e il supporto, il tuo team oppure i tuoi strumenti di vendita? La risposta è nessuna delle precedenti, ma sei TU. Se le persone non sentono un forte legame con te, non importa quanto sia interessante la tua attività perché non vorranno comunque farne parte. E se accettano lo stesso vedrai che ti scavalcheranno come loro sponsor volendo lavorare direttamente con uno dei tuoi superiori di struttura.

SEGRETO n. 16: occorre costruire relazioni vincenti con i tuoi collaboratori perché non solo ti aiuterà a trovarne sempre di nuovi ma li legherà saldamente a te. Se tratti le persone come amici, piuttosto che strumenti per fare soldi,

avrai molto più successo.

2. *Identificare le persone e le ragioni per le quali gli può interessare il tuo business*

Per individuare il motivo per cui le persone possono avere un interesse nell'opportunità offerta dalla tua azienda, è possibile personalizzare la presentazione in base ai propri obiettivi. Se non è evidente dalla conversazione perché stanno prendendo in considerazione la tua attività, basta fargli una domanda semplice.

Incoraggiarli a parlare dei loro bisogni, desideri e preoccupazioni che la tua azienda può aiutarli a risolvere e ascolta molto attentamente: ricordati il segreto nella vendita è quello di comprendere le leve motivazione dei tuoi interlocutori e non quello di inondarlo di chiacchiere credendo così di averla vinta nell'ottica di una dinamica persuasiva win-lose. Spesso vi è una lista di ragioni e allora hai la necessità di assicurarti di aver compreso almeno le motivazioni principali.

Esempio: Avere un fondo per l'università dei propri figli.

Supponiamo di avere un contatto che sta pensando di iniziare un'attività in proprio perché vuole iniziare a costruire un fondo per quando i suoi figli vorranno iscriversi all'università. Ora conosci il suo scopo principale per esaminare la tua proposta e nella maggior parte dei casi, il primo motivo che la gente evidenzia è anche quello più importante per loro.

Inizia con il complimentarti con lui per il suo obiettivo, assicurandogli che farai del tuo meglio per aiutarlo a garantire un'istruzione universitaria ai suoi ragazzi. Poi mostra un interesse sincero per i suoi figli, chiedendo di loro e vedrai che volentieri ne parlerà con te perché, come tutti i genitori, ne sarà orgoglioso.

Dopo aver discusso l'importanza di risparmiare denaro per il fondo universitario dei suoi figli, chiedigli quali altri obiettivi vorrebbe realizzare grazie alla vostra attività. Mentre condivide con te i suoi principali fattori motivanti, scrivili analiticamente. Il tuo scopo dovrà essere quello di farlo parlare quanto più possibile di questi interessi in un modo da incrementare il suo entusiasmo ai massimi livelli. Quello che più appassiona i tuoi contatti è di riuscire come lo svolgimento della tua attività possa portarli a realizzare le cose che sono le più importanti per loro nelle vita e nella professione.

Questo molto probabilmente sarà l'elemento di maggiore forza persuasiva nel processo di convincimento verso la decisione di aderire alla tua proposta professionale, rafforzando i tuoi rapporti personali.

3. *Determinare quali sono i tuoi potenziali partner commerciali cui bisogna far conoscere l'azienda*

Per capire esattamente ciò che una persona ha bisogno di sapere, al fine di prendere una decisione e concentrare il tuo tempo ad analizzare questi aspetti.

Ecco alcune possibili domande da porre:

- «Sulla base delle informazioni che hai ricevuto, cosa ne pensi e cosa hai bisogno di sapere?»
- «Partendo dalle informazioni che hai esaminato finora, che cosa hai bisogno di conoscere per poter prendere una decisione?»
- «Su di una scala da 1 a 10, dove è posizionato il tuo livello di interesse?»

Se la risposta è 8 oppure di più, allora si può dire che probabilmente è pronto per iniziare l'attività. L'unico modo per raggiungere un livello 10 è quando inizi a sviluppare il business e arrivano i primi risultati.

- «C'è qualcosa che ancora hai bisogno di sapere oppure preferisci che ti illustri il prossimo passo?»

Se il tuo contatto dovesse dire che il suo interesse è un 6 o 7, è possibile chiedere:

- «Cos'è che non conosci oppure che non ti è stato chiaro e che potrebbe aumentare il tuo livello di interesse?»

Se ti dice che il suo interesse, è inferiore a 5, probabilmente stai sprecando il tuo tempo, sempre che hai presentato il tuo business nel migliore dei modi. Quando le persone ti dicono che hanno bisogno di sapere altro, devi essere consapevole del fatto che vi sono diversi elementi da chiarire.

Se ad esempio, ti viene detto che si vuole sapere di più sulla società, allora potresti chiedere se oltre a questo, c'è qualcos'altro che si vuole conoscere onde isolare e individuare le varie obiezioni. Se ti viene risposto che vogliono saperne di più sul piano provigionale, la tua risposta dovrebbe essere di grande apertura e disponibilità nell'aiutarli a comprendere ogni aspetto in merito senza lasciare dubbi e dimostrando professionalità e competenza.

Poi continua su questo processo finché non sono stati identificati tutti gli aspetti del business che sono importanti per il tuo potenziale partner commerciale. Al tempo stesso cerca di usare al meglio il tuo tempo concentrandoti su quegli aspetti che una volta analizzati e chiariti porteranno con un alto margine di certezza verso una decisione positiva.

4. *Fornire informazioni con un atteggiamento positivo cercando sempre di essere utile*

Dopo aver appreso quali sono le motivazione dei tuoi potenziali partner commerciali devi ancora scoprire cosa hanno ancora bisogno di conoscere per accettare la tua proposta. Fai varie domande e dedica la massima attenzione per ascoltare nel migliore dei modi le relative risposte.

Non parlare troppo e assicurati di rispondere alle loro domande stando attento a non affrontare problemi che non ti sono stati menzionati. Prima di esaminare i singoli aspetti, assicurati di aver compreso esattamente quello che realmente hanno bisogno di sapere. Ad esempio, se qualcuno ti dice che ha bisogno di saperne di più sulla società, prima di rispondere in modo generico, chiedigli a cosa è particolarmente interessato e poi vai dritto all'obiettivo. La tua risposta dovrebbe essere semplice, identificando esattamente il cuore del problema.

Prima di passare al punto successivo, verifica sempre se la tua risposta è stata esauriente e ha confutato ogni dubbio. Ricordati, durante i colloqui di concentrarti su ciò che è importante per i tuoi interlocutori provando a metterti nei loro panni.

5. *Chiedi una decisione*

Non appena sei riuscito a conquistare la stima e la fiducia del tuo potenziale collaboratore è venuto il momento di proporgli di iniziare l'attività e di stabilire il suoi obiettivi in merito. A volte ti diranno loro stessi che sono pronti per iniziare, in altri casi è necessario richiedere la decisione e sostenerla. Quando chiedi di prendere una decisione, devi dimostrarti attento a cogliere il momento giusto prestando attenzione ai segnali che ti invia il tuo potenziale collaboratore. Se ti accorgi che non è ancora pronto non commettere l'errore di forzarlo e mettergli fretta perché ognuno ha i suoi tempi e ci sono persone che amano decidere immediatamente mentre altri hanno come abitudine di riflettere prima di agire. A nessuno piace essere costretto. Quando le persone non sono pronte per prendere una decisione, qualcosa li sta trattenendo ed è necessario identificarne la causa.

Qui ci sono un paio di domande da proporre alle persone che si sono interessate alla tua proposta:

- «Ora che abbiamo parlato di ciascuna delle cose su cui volevi saperne di più, ti piacerebbe conoscere il tuo prossimo passaggio?»
- «Sulla base delle informazioni che hai ricevuto sino a questo punto, c'è qualche altra cosa che devi sapere prima che ti spieghi come iniziare?»

Quando le persone sono pronte per imparare i passi per iniziare realmente a lavorare con la tua azienda, è venuto il momento di informarli circa il processo per ottenere l'affiliazione commerciale e l'entità della quota di investimento: meglio parlare chiaro da subito senza nascondersi conviti della validità di quello che si sta proponendo. Una volta che hai illustrato come iniziare l'attività con la tua azienda, allora dovresti chiedere la decisione finale per la sottoscrizione della proposta.

Ecco alcuni semplici esempi di quello che potresti dire:

- «Non vedo l'ora di lavorare con te. Sono convinto che possiamo costruire un business di successo insieme».
- «Capisco i tuoi obiettivi e credo che potrai raggiungerli tranquillamente se ci lavoriamo insieme con impegno. Sarò molto lieto di poterti essere di aiuto».
- «C'è qualcos'altro che devi sapere oppure sei pronto a partire?»

Se c'è ancora qualcosa che ha bisogno di sapere, analizzala e poi chiedergli se è pronto per iniziare.

- «Farai parte di un grande team di persone che ti saranno di notevole aiuto: sono convinto che insieme possiamo aiutarti a realizzare i tuoi obiettivi. C'è qualcos'altro che pensi di aver bisogno di sapere, oppure sei pronti per iniziare?»

- «Penso davvero che potremmo divertirci tanto nella costruzione di questo business. Se dovessimo fare squadra insieme, cosa ti aspetti da me come tuo sponsor?»

Dopo aver sentito la sua risposta puoi porgergli la mano assicurandogli il tuo sostegno e che non vedi l'ora di iniziare.

Se risponde semplicemente dicendo che non vede l'ora di lavorare con te, con un atteggiamento tranquillo e positivo, puoi iniziare a estrarre tutta la documentazione per la sua iscrizione: non avere sul viso l'espressione di quello che ha appena vinto la lotteria altrimenti potrebbe credere che non vedi l'ora di sfruttare il suo lavoro.

Potresti chiedergli se vuole compilare lui la scheda di iscrizione oppure preferisce che lo faccia tu per lui: il vantaggio nel primo caso è che sarà lui stesso a scrivere risultando maggiormente auto-persuasivo; nel secondo caso avrai meno problemi sugli errori nella compilazione e tutto risulterà più fluido. Quando chiedi una decisione e avverti qualche esitazione, il consiglio è di continuare a sondare con molta delicatezza facendo notare che se da un lato lo vedi entusiasta del tuo business è come se notassi in lui qualche cenno di resistenza. Non avere mai paura di fare domande evitando di fare la corsa alla firma perché non è quella di cui hai bisogno ma di un collaboratore che si fidi fortemente di te e con cui costruire un business di grande successo. Poi tieni conto che alle persone piace essere al centro dell'attenzione e che qualcuno si prenda cura di risolvere i loro dubbi e problemi.

Alcune persone saranno riluttanti a condividere con te ciò che li sta trattenendo. Può essere che si chiedono se avranno tempo sufficiente a disposizione, può essere che dubitano di poter davvero avere successo, possono chiedersi se avranno come sostegno il loro coniuge e potrebbe essere una cosa qualsiasi che non ha nulla a che fare con te e con il tuo business. Quando c'è qualcosa che non sta andando nel verso giusto prenditi un momento per programmare un colloquio personale con il tuo collaboratore al fine di identificare il problema di fondo che spesse volte sono convinzioni limitanti circa a propria capacità di avere successo con il tuo business.

Se ti rapporti ai tuoi partner commerciali con un atteggiamento amichevole e dimostrandoti sinceramente interessato alle loro esigenze e problematiche cerando di scoprire cosa pensano in merito alla vostra attività e cosa li trattiene dall'aver successo sarà molto probabile che si confidino con te vedendoti come un alleato e non come qualcuno che pensa solo a come incrementare il proprio guadagno. Prenditi del tempo per saperne di più sulle persone con cui lavori perché ti sarà di grande aiuto per motivarli soprattutto nei momenti di maggiore difficoltà.

«Siamo ciò che facciamo ripetutamente. L'eccellenza, non è un atto ma un'abitudine».
Aristotele

Costruire la fiducia

Se non sei riuscito a ottenere una decisione positiva per qualsiasi motivo, allora hai bisogno di insistere nel fortificare le convinzioni potenzianti dei tuoi interlocutori in merito alla validità della tua proposta professionale e anche su come ti vedono quale loro sponsor. Tieni presente che per la maggior parte delle persone la loro più grande limitazione è la loro

mancanza di autostima.
Dal momento che la costruzione di un business è qualcosa che diverse persone non hanno mai fatto prima, è naturale per loro avere delle riserve circa la loro capacità in merito.

Una volta che hai accertato questo, il tuo obiettivo dovrebbe essere proprio quello di rassicurarli sul fatto che potranno sempre beneficiare del sostegno del tuo team e che si tratta di un sistema di fare impresa molto semplice e alla portata di tutti. Aiutali ad essere consapevoli delle proprie potenzialità rassicurandoli del fatto che non gli manca nulla per avere successo con la tua attività.

Quanto più convincente di mostrerai nel fortificare la fiducia in loro stessi e maggiormente costoro ti vedranno come un leader fortificando il vostro rapporto personale.

«La fede è il fondamento di tutte le attività!»
Mike Klingler

Dopo aver completato i primi cinque passi per ottenere una

decisione positiva, ma vedi che i tuoi potenziali collaboratori non sono pronti per iniziare, prova a seguire le seguenti strategie:

- Programmare un momento per rivederli per colloquio personale motivazionale;
- Invitali a guardare un video online del tuo business, se è disponibile;
- Invitali a partecipare al successivo meeting oppure conferenza sul web se la tua azienda lo consente;
- Programma un momento di riunirsi con uno dei tuoi sponsor per un colloquio a tre;
- Invitarlo a partecipare insieme a un evento nella sua zona;
- Chiedigli di esaminare un'altra presentazione aziendale;
- Organizza una chiamata a tre vie con uno dei tuoi partner commerciali upline;
- Chiedigli di rivedere il tuo sito web e di programmare un momento per parlarne di nuovo.

Conoscere il tuo prossimo passo è una parte fondamentale del processo di fortificazione delle convinzioni, pianificando sempre il prossimo appuntamento mantenendo lo slancio emotivo e motivazionale. Ricordati che questa è un'attività che si basa sull'entusiasmo e non dovresti mai consentire che le persone della tua squadra, potenziali oppure effettive che siano, perdano questa preziosissima risorsa lungo la strada. Se programmi un colloquio telefonico oppure di persona, allora il tuo interlocutore conoscerà il passo successivo e sarà preparato per affrontarlo.

Preparati!

Quando hai un appuntamento con qualcuno, è molto importante prendere del tempo per prepararsi al meglio. Ora ti illustrerò quali sono alcune risorse che dovresti sempre portare con te magari conservandole in una scatola nel bagagliaio della tua auto, in modo che da essere sempre preparato per ogni evenienza soprattutto quelle impreviste:

- Il tuo depliant per le presentazioni;
- Gli strumenti per gestire la tua attività;
- CD e DVD di presentazione;
- Una selezione del materiale di marketing stampato della tua azienda;
- Una copia di questo programma di formazione;
- Tutto quello che ti è stato consigliato dai tuoi partner commerciali upline.

L'unica cosa che si frappone tra i nominativi della tua lista e il vostro successo a lungo termine nel tuo business è questa: la loro convinzione che il tempo impiegato nel gestire al meglio la vostra attività, utilizzando le strategie e i principi della tua azienda li farà guadagnare molto di più rispetto ad altre proposte di business. In poche parole che la tua attività è lo strumento migliore per realizzare i loro sogni.

SEGRETO n. 17: uno dei benefici esclusivi del modello di business del network marketing è il fatto che chiunque può avere successo a prescindere dal livello culturale e professionale se si impegna a imparare e applicare correttamente il sistema.

Costruire un business di successo non è uno sprint, bensì una maratona. Se ti impegnerai diligentemente per i prossimi tre/cinque anni, concentrandoti sul miglioramento costante e continuo, alla fine potrai godere di una qualità di vita che ben poche persone hanno la fortuna di potersi permettere lavorando in altri settori. Congratulazioni per aver completato la quinta lezione in questo corso di formazione.

RIEPILOGO DEL CAPITOLO 5:

- SEGRETO n. 15: Questo business consiste nel trovare le persone giuste che hanno veramente il bisogno e il desiderio di godere dei benefici offerti dalla tua azienda per poi lavorare insieme in un rapporto win-win.
- SEGRETO n. 16: Occorre costruire relazioni vincenti con i tuoi collaboratori perché non solo ti aiuterà a trovarne sempre di nuovi ma li legherà saldamente a te. Se tratti le persone come amici, piuttosto che strumenti per fare soldi, avrai molto più successo.
- SEGRETO n. 17: Uno dei benefici esclusivi del modello di business del network marketing è il fatto che chiunque può avere successo a prescindere dal livello culturale e professionale se si impegna a imparare e applicare correttamente il sistema.

CAPITOLO 6:
Come avviare al business i tuoi nuovi partner commerciali

È arrivato il tuo turno di diventare un coach e un leader. Si tratta di una fase molto importante nell'avviare correttamente all'attività i tuoi nuovi partner commerciali poiché sei giunto al momento di creare la propria rete vendita. È importante non solo riuscire a gestire nel modo migliore questo passaggio ma riuscire a fare comprendere ai tuoi nuovi collaboratori che il proprio esempio si rifletterà su tutte le persone che si inseriranno nella propria struttura. Non permettere a te stesso di sentirti sopraffatto da questa sezione. Il tuo sponsor oppure uno dei i tuoi partner commerciali upline, sarà felice di aiutarti ad avviare positivamente il business.

Finalizzare le decisioni

Quando la persona che hai presentato prende la decisione di iniziare la tua attività, esprimi il tuo apprezzamento con un sorriso e dagli il tuo benvenuto in azienda, dicendogli che non vedi l'ora di iniziare a lavorare insieme. Sottolinea i suoi punti di forza e digli qualcosa di incoraggiante. Questa è una componente importante del coaching e pertanto prendi l'abitudine di sfruttare tutte le opportunità per incoraggiare le persone e per costruire con loro un solido rapporto fiduciario.

SEGRETO n. 18: l'inizio di un'abitudine è come un filo invisibile e ogni volta che ripetiamo l'atto per rafforzarlo aggiungiamo un altro filamento tanto da farlo diventare un grande cavo che ci vincola irrevocabilmente nel modo di pensare e svolgere le nostre attività.

Dopo che il tuo nuovo partner commerciale si impegna a iniziare, il prossimo passo è quello di impostare la sua attività come fosse un'impresa collegata alla tua. Se ti trovi al telefono con lui al momento della sua decisione, allora il tuo obiettivo sarà quello di completare il processo di affiliazione durante la conversazione. Se siete insieme personalmente al momento della sua decisione, allora sarà quello il momento per completare la sua iscrizione. Lascia che ti mostri cosa si dovrebbe fare in entrambi gli scenari.

Se la decisione di aderire al business avviene durante una conversazione telefonica, il primo passo è quello di iscriverlo attraverso il sito aziendale dove lo guiderai un passaggio per volta fino alla conclusione della procedura. Assicurati di restare al telefono fino a quando il processo non è completato dimostrandoti disponibile a rispondere a tutte le domande che gli vengono in mente.

Se non è vicino a un computer, con la sua approvazione, fatti dare i suoi dati e le informazioni necessarie al telefono curando di compilare la domanda online per suo conto. Poi avrai cura di fargli sottoscrivere il contratto appena avrete la possibilità di incontrarvi di persona. Se vi vedete di persona al momento della decisione, fagli sottoscrivere il contratto e assumiti il compito di inviarlo in azienda assolvendo tutte le formalità che si rendono necessarie.

Spigare in cosa consiste il lavoro

Una volta che l'affiliazione commerciale è stata elaborata, il prossimo passo è quello di illustrare quali sono i compiti da svolgere e impostare le scadenze per applicare i vari step per avviare il tuo business. Il suo incarico è quello leggere il capitolo corrispondente nel manuale di formazione. Proprio come hai imparato ad avviare il tuo business leggendo la relativa sezione, allo stesso modo insegnerai a fare lo stesso ai tuoi partner commerciali. L'avere un sistema prestabilito consente ai nuovi distributori di iniziare immediatamente l'attività senza fare troppa fatica.

Dopo aver esaminato quello che c'è da fare su come avviare il business ti consiglio di programmare un momento per incontrarvi entro le successive 48 ore per rivedere i passaggi fondamentali e programmare la strategia più idonea in base agli obiettivi del tuo nuovo collaboratore.

Pianificare la sessione per la strategia

È estremamente importante pianificare questa sessione di strategia entro le 48 ore per mantenere la slancio positivo, se non correre il rischio di rimandarla per poi scoprire che il to nuovo collaboratore ha smesso di credere nel tuo business avendo perso di entusiasmo e motivazione. Se non si programma questo colloquio entro 48 ore dalla sottoscrizione, generalmente l'interesse inizia a scemare e i dubbi e le incertezze iniziano a prendere il sopravvento. Cercate sempre di programmare questo appuntamento entro le prime 48 ore o comunque il prima possibile. Se il tuo nuovo partner abita nelle tue vicinanze è preferibile organizzare un colloquio di persona piuttosto che al telefono.

Non solo questo semplifica il processo di avviamento per il tuo nuovo partner, ma facilita il rafforzamento del vostro rapporto personale, aspetto non secondario in un'attività di network marketing. Se ti è possibile, prova a organizzare questo appuntamento in un luogo con accesso a internet in modo da poter elaborare qualsiasi ordine che deve essere stabilito in tempo reale. Nel programmare i tuoi impegni, prenditi due ore per la sessione di strategia in modo da avere il tempo per rispondere a tutte le domande con la dovuta calma e ponderazione e per completare tutti i passaggi operativi che si rendono necessari.

Quando le persone non hanno molte domande, si può comodamente esaurire questo processo in poco più di un'ora. La cosa migliore è prendersi tempo a sufficienza da dedicare a questa attività in modo che entrambi siate a proprio agio. Una volta che l'appuntamento è fissato, non incoraggiarlo a parlare con nessuno circa la sua nuova attività fino a che non sarà adeguatamente formato soprattutto a rispondere alle principali obiezioni. Ho visto troppi nuovi rivenditori che andavano in giro a proporre il proprio business senza la dovuta professionalità e senza l'affiancamento del proprio sponsor bruciando tutti i propri contatti e quindi rovinandosi la carriera solo perché non riuscivano a controllare il proprio entusiasmo iniziale.

Dopo aver concluso la sessione di strategia, abbi cura di lasciare il tuo nuovo rivenditore in uno stato di entusiasmo e digli qualcosa di incoraggiante. Lo scopo è quello di creare un feeling positivo e infondergli fiducia nelle sue capacità di costruire un business di successo insieme a te! Quando torni a casa, inviagli una mail di benvenuto in squadra e per assicurati che non vi siano malintesi, conferma sia la sua adesione che il vostro prossimo appuntamento.

Prima di arrivare insieme al tuo partner commerciale per la sua sessione di strategia, assicurarti che abbia letto la relativa sezione in modo che il tempo insieme sia produttivo al massimo. Mentre ti prepari per la sessione di strategia col tuo nuovo distributore, ti consiglio di fare una breve scansione dello step 1 , *Avvia il tuo business* per rinfrescarti la memoria di ciò che c'è in quella sezione. È anche saggio portare con te una copia di questo manuale di formazione per rivedere i dieci passi per iniziare.

Iniziare la sessione di strategia

Quando ti incontri con il tuo nuovo distributore per la sua sessione di strategia, ci sono alcune cose che si dovrebbe fare prima di immergersi nei dieci passi per iniziare. Innanzitutto apri l'incontro con una conversazione amichevole dimostrando un genuino interesse in lui e in quello che considera importante nella vita.

Cogli tutte le opportunità a disposizione per continuare a costruire un solido rapporto in quanto più forte sarà la vostra amicizia, maggiore fiducia nutrirà verso di te e meno probabilmente sarà tentato dall'andarsene quando inevitabilmente arriveranno i momenti difficili. Come si conviene in una conversazione amichevole col tuo collaboratore prima di iniziare a discutere del vostro business, chiedigli se ha dubbi oppure domande che vorrebbe esaudire prima di iniziare.

Dopo che le persone prendono la decisione di avviare un'attività in proprio, spesso cominciano ad avere dubbi su di sé, iniziando a sentire quella vocina nelle loro menti che dice loro, che dice di non avere tempo a sufficienza, non avere le capacità per riuscire e altro ancora. Conosco molte persone che hanno delle convinzioni di questo tipo.

Se c'è qualcosa che ancora determina uno stato di esitazione nel tuo potenziale rivenditore è meglio parlarne ora. Ricordati che è necessario tenere costantemente la tua squadra motivata ed entusiasta del vostro business. Durante tutte le tue conversazioni, concentrarti nel costruire delle convinzioni potenzianti nei confronti della vostra azienda essendo particolarmente importante durante i primi tempi se sono nuovi del settore.

Dopo aver discusso in merito alle domande e ai dubbi prendi in manuale per la formazione e inizia, passando attraverso le istruzioni in ognuna dei dieci passaggi, per fargli al meglio comprendere il tuo ruolo come il suo allenatore.

Fase 1: *Determinare i perché*

Durante questa fase, dovresti andare oltre i suoi obiettivi e lasciare che ti illustri e approfondisca le ragioni per cui ha scelto di unirsi alla tua squadra. Quanto più si conosce sul perché vuole svolgere il business, più preparato sarai nel momento in cui dovrai offrire indicazioni e suggerimenti.

Parlare dei suoi obiettivi all'inizio della sessione strategia farà in modo che il tuo nuovo collaboratore accresca e fortifichi il suo entusiasmo nel costruire il suo business aiutandolo inoltre a eliminare ogni esitazione e dubbio che potrebbe sorgere. Più le persone sono entusiaste circa il raggiungimento dei propri obiettivi, più saranno disponibili a farsi formare da te su come imparare il sistema descritto in questo manuale.

Fase 2: *Determinare l'impegno*

In questa fase, il tuo compito dovrà essere quello di individuare il livello dell'impegno che i tuoi nuovi collaboratori sono disposti a mettere nella vostra attività.

Per saperlo basta chiedergli quante ora al giorno hanno in mente di dedicare al vostro business: uno dei problemi principali che ho personalmente riscontrato che quando le persone si avvicinano al network marketing non lo fanno col giusto atteggiamento scambiandolo per un hobby e gestendolo con la serietà professionale richiesta.

Fase 3: *Fissa le scadenze*

Per completare questo passaggio, devi individuare i periodi di tempo che il tuo collaboratore si è impegnato per la creazione del suo business. Se non ha ancora stabilito la sua programmazione temporale, quando vi incontrate prova a chiedergli quali sono gli spazi temporali che riesce a mettere da parte per costruire il suo business.

Di comune accordo individuate dei giorni in cui entrambi siete disponibili in modo da poter stabilire i periodi migliori per formarlo e aiutarlo a costruire il suo business. Per esperienza se vedi che il tempo che intende dedicare all'attività non è congruente con quelli che sono i suoi obiettivi faresti bene ad avvertirlo per non spingerlo verso una sicura delusione e quindi dipartita dalla tua azienda: in questo caso le alternative sono due e cioè:

- aumentare il tempo che dedica alla sua ttività;
- ridimensionare i suoi obiettivi.

Fase 4: *Fare la lista delle persone che conosci*

Quando si esamina questo passaggio, chiedi al tuo nuovo distributore se ha cominciato a fare la sua lista di nomi (la soluzione migliore è quella di redigerla insieme) e in caso di risposta affermativa dagli una occhiata per verificare come sta procedendo. Non perdere occasione per congratularti con lui per quello che ha fatto finora e incoraggialo ad essere creativo nell'ampliare la sua lista trovando sempre nuovi nominativi.

Potresti anche condividere alcune delle strategie che hai escogitato per compilare il tuo elenco di nominativi. Ti consiglio di chiedergli di parlarti dei suoi contatti che dovrebbero avere delle maggiori potenzialità in modo da essere preparato al meglio quando li dovrai incontrare per i colloqui potendo diventare dei futuri campioni della vostra attività.

Se non ha ancora iniziato a compilare la sua lista, fai ricorso alla sezione relativa di questo manuale aiutandolo a individuare le persone che conosce onde stimolare la sua creatività sempre con nuove idee.

Fase 5: *Sviluppare un programma*

Quando si svolge questo passaggio, il tuo obiettivo è quello di aiutare a redigere il suo piano di azione. Sulla base dei suoi obiettivi, condividere le tue competenze ed esperienze come dovrebbe iniziare a costruire il suo business. Se prevedi di utilizzare strumenti di marketing questo sarebbe un buon momento per discutere di quelli che si rendono maggiormente idonei ed efficaci.

Dopo aver analizzato il metodo da seguire, domandagli quante persone ha in programma di contattare ogni giorno. Se non ha ancora preso questa decisione, in base alla quantità di tempo che sta assegnando al suo business, offrirgli il tuo suggerimento. Una volta che ha preso la sua decisione sul numero di persone che si impegna a contattare ogni giorno, chiedigli se ha raggiunto suddetto obiettivo.

Dopo averlo aiutato a mettere insieme il suo piano ed esaminato quest'ultimo, chiedigli, cosa vuoi che tu faccia per essergli di aiuto. Si tratta di un passaggio fondamentale perché serve a creare un clima di collaborazione e fiducia tra di voi che vi servirà soprattutto quando sorgono delle difficoltà. Un elemento che serve a individuare i grandi leader è che costoro sono in grado di ottenere di più dalle persone rispetto a quello che da soli riuscirebbero a fare.

SEGRETO n. 19: come leader del tuo gruppo, devi assicurarti che i tuoi partner commerciali siano sulla buona strada facendo quello che li aiuterà a raggiungere i loro obiettivi. Questo fa parte del tuo ruolo quale loro allenatore (coach) personale.

Prima di completare questo passaggio, assicurati che il tuo nuovo distributore abbia perfettamente chiaro in mente come fare per promuovere l'offerta commerciale della vostra azienda.

Fase 6: *Predisporre il suo ordine degli strumenti di vendita*
Basandoti sul suo piano che hai appena discusso, rivedi l'elenco degli strumenti per la vendita e il marketing che gli consigli di acquistare. Il tuo obiettivo nella revisione di questo passo è quello di assicurarti che il tuo nuovo partner commerciale abbia tutti gli strumenti di cui ha bisogno per iniziare a costruire il suo business in base a quelli che sono i suoi obiettivi.

Fase 7: *Prenotare i vostri prodotti*
Se la tua azienda ha un programma in cui rivenditori e nuovi clienti sono in grado di iscriversi e ricevere i vostri prodotti e servizi come un abbonamento mensile, questo sarebbe il momento di affiancarlo durante la sua prima sottoscrizione. Uno degli aspetti di maggiore importanza che devi assolutamente comprendere è che il sistema migliore di guidare i tuoi collaboratori è con il tuo esempio personale e non con le chiacchiere.

Fase 8: *Restare in contatto*
Quando si esamina questo passaggio, lo scopo è quello di aiutare il tuo nuovo rivenditore a conoscere tutti le risorse per restare in

contatto con la vostra azienda e con il tuo team. Ci sono webinar, video conferenze, newsletter, siti web, eventi ed altre cose importanti che dovrebbe conoscere? Assicurati che i tuoi nuovi partner commerciali siano allineati agli scopi e alla mission della tua azienda vista la grande importanza che riveste in termini di motivazione ed entusiasmo. Se si sentono parte di un sistema, sarà meno rischioso che perdano interesse verso la tua attività e se ne vadano e saranno più attivi nel vendere i vostri prodotti e servizi, più coerenti nei loro sforzi di reclutamento, manterranno un elevato livello di fede e di fiducia nella vostra azienda e saranno leader migliori a quelli all'interno delle loro organizzazioni.

Il tuo ruolo come sponsor non è solo quello di informare su come entrare in contatto con quello che succede nella tua azienda, ma anche di seguire in modo proattivo la strada del vostro business. Se ci sono eventi settimanali, sia dal vivo che sul web, incoraggialo a partecipare. Se l'azienda ha più siti web, assicurati che ne sia a conoscenza e che comprenda pienamente quali sia il loro migliore utilizzo.

Se un grande evento regionale oppure nazionale sta per essere organizzato, assicurati che lo sappia così da tenersi libero da ogni impegno per quei giorni. Prenditi un po' di tempo per dare qualche indicazione su come fare la lista nomi e se è tutto pronto per iniziare a costruire la sua attività, organizza una sessione di affiancamento per fare le telefonate con la presenza, se lo reputi opportuno, dei tuoi sponsor. Queste chiamate non sono altro che brevi colloqui introduttivi. Ciò gli consentirà di incontrare i suoi partner commerciali upline e sentire il supporto che è a sua disposizione così quando avrà bisogno di aiuto saprà che vi sono altre persone di disponibili, chi sono e i loro recapiti telefoni.

Se in qualsiasi momento hai bisogno di informazioni per la sua attività e nessuno dei tuoi sponsor è disponibile la soluzione è quella di chiamare direttamente in azienda dove saranno ben lieti di offrirti tutto il supporto di cui necessiti.

Fase 9: *Diventare esperti circa i vostri prodotti*

La soluzione migliore è quella di provare regolarmente i prodotti della vostra azienda in modo da poter parlare dei relativi benefici con cognizione di causa e non per sentito dire. Informati se vi sono riviste specializzate nel vostro settore in modo da restare sempre aggiornati sugli andamenti futuri e su come si comporta la vostra concorrenza. Quello che è importante conoscere sono i vantaggi derivanti dall'uso dei vostri prodotti non dovendo diventare un esperto delle caratteristiche tecniche eccetto per quelle che danno credibilità e sostegno ai benefici.

Fase 10: *Effettuare il primo ordine di prodotti*

Quando si effettua questo passaggio, assicurarti che vengono compre le ragioni per cui è opportuno procedere all'acquisto di alcuni prodotti della vostra azienda quando si inizia il business. Se hai qualche suggerimento sui prodotti da acquistare, ti conviene condividerli col tuo nuovo collaboratore.

SEGRETO n. 20: è molto importante che aiuti il tuo nuovo distributore a effettuare il suo primo ordine di prodotti della vostra azienda in modo coerente con i suoi obiettivi e l'impegno nell'attività.

Sessione conclusiva

Dopo aver superato ciascuno dei dieci passaggi il vostro incontro sta volgendo a termine e pertanto ti consiglio prima di congedarti di fare le seguenti tre operazioni:

1. Assegnagli il prossimo compito che consiste nel rivedere lo step n. 2 intitolato *Invita le persone* chiedendogli di mettere in evidenza gli script con cui si sente più a suo agio per poi prendere nota di tutte le domande che gli vengono in mente.
2. Pianifica una telefonata per discutere di ciò che ha appreso e aiutarlo a predisporre i suoi script per invitare le persone ai colloqui. Questo appuntamento telefonico può essere realizzato in circa 30 minuti di conversazione.
3. Prepararlo per i ladri di sogni. Costoro sono le persone che cercheranno di scoraggiarli dal costruire il proprio business. Assicurati che il tuo nuovo partener commerciale sia pronto per gestire questa situazione così da non essere colto alla sprovvista.

Quando le persone dicono cose negative su quello che sta facendo, dovrebbe ringraziarli perché si preoccupano per lui e rivedere uno degli strumenti di presentazione, così avrà una migliore comprensione della sua attività.

È stupido non perseguire i propri obiettivi con questo nuovo business permettendo alle persone, che non hanno idea di quello che stai facendo, di rubare il tuo sogno oppure scoraggiarvi.

Pertanto dopo aver svolto con successo questi dieci passaggi, programma il prossimo appuntamento per discutere di come invitare le persone correttamente, se ancora non l'ha fatto. Congratulati sul completamento di questo processo e del suo impegno, augurandogli di poter continuare in questo viaggio verso il successo con lui.

Condurre una sessione abbreviata

Ci saranno situazioni in cui i vostri impegni non ti permetteranno di incontrarti entro le 48 ore col tuo nuovo partner commerciale. Quando questo accade dovresti riuscire a pianificare un colloquio telefonico di circa 30 minuti per stabilire un programma e dargli la possibilità di iniziare il vostro business quanto prima. Durante tale conversazione dovresti fare presente i passi più urgenti che dovrebbero essere completati e che sono:

- Predisporre un piano d'azione;
- Ordinare gli strumenti per gestire l'attività;

- Ordinare i prodotti;

Completando questi tre passaggi, almeno il processo di avvio attività è stato posto in essere in modo tale che i prodotti e gli strumenti professionali verranno spediti senza ulteriori ritardi. Gli altri sette gradini sono essenziali e non devono essere trascurati e pertanto è necessario organizzarli non appena i vostri impegni lo consentono.

Se riesci a impostare con tale sistema l'inserimento dei tuoi nuovi partner commerciali, allora avrai dato loro l'esempio cui ispirarsi per quanto a loro volta vorranno crearsi la propria rete vendita. Tieni sempre a mente che non solo stai illustrando come fare le cose correttamente, ma dalle tue azioni, stai insegnando ai tuoi distributori come formare la propria rete vendita: questo è il cuore del processo di duplicazione e del sistema del network marketing.

RIEPILOGO CAPITOLO 6:

- SEGRETO n. 18: L'inizio di un'abitudine è come un filo invisibile e ogni volta che ripetiamo l'atto per rafforzarlo aggiungiamo un altro filamento tanto da farlo diventare un grande cavo che ci vincola irrevocabilmente nel modo di pensare e svolgere le nostre attività.
- SEGRETO n. 19: Come leader del tuo gruppo, devi assicurarti che i tuoi partner commerciali siano sulla buona strada facendo quello che li aiuterà a raggiungere i loro obiettivi. Questo fa parte del tuo ruolo quale loro allenatore (coach) personale.
- SEGRETO n. 20: È molto importante che aiuti il tuo nuovo distributore a effettuare il suo primo ordine di prodotti della vostra azienda in modo coerente con i suoi obiettivi e l'impegno nell'attività.

Conclusione

È mio profondo desiderio che ciò che ho condiviso con te influenzerà la tua vita e quella della tua famiglia in modo positivo. Utilizza questo manuale non solo per costruire il tuo business ma anche per crescere e fortificare te stesso. La vita di un imprenditore di network marketing offre ricompense che non possono essere ottenute attraverso qualsiasi altro sistema.

Parte del percorso per arrivare al successo è diventare consapevoli che raramente le cose vanno esattamente come ci piacerebbe che vadano. Nessuna strada verso il successo professionale sarà priva di ostacoli, insuccessi e sfide continue. La chiave è quella di imparare da ognuna delle sconfitte, rimanendo con un atteggiamento positivo, sforzandoti di fare sempre del tuo meglio. Se continuerai, giorno dopo giorno, concentrandoti anche sulle piccole cose che puoi perfezionare, allora l'effetto progressivo di tale crescita ti permetterà di realizzare ciò è che è importante per te nella vita.

Grazie mille per il tuo tempo. Ti auguro il migliore dei successi.

Il tuo amico e coach,

Alessandro Allaria

Network marketing coach

www.networkmarketingacoach.it

www.ingramcontent.com/pod-product-compliance
Ingram Content Group UK Ltd.
Pitfield, Milton Keynes, MK11 3LW, UK
UKHW022019190726
13853UKWH00005B/2012